KB138267

나는 왜 소통이 어려운가

마음의 통로를 여는 심리학

나는 왜
소통이
어려운가

가토 다이조 | 정문주 옮김

고즈윈
God'sWin

의사소통을 하는 두 사람 사이의 관계가 가장 가까운 경우는 어떤 것일까? 바로 가족, 그중에서도 특히 부모와 자식 간의 관계일 것이다. 그런데 최근 연령대를 막론하고 자녀를 둔 부모들에게서 "내 아이와 어떻게 대화해야 할지 모르겠다"는 말을 자주 듣는다. 부모와 자녀 사이의 소통은 본능적인 것이며, 따라서 가장 당연하고도 자연스럽게 이루어져야 한다. 그러나 오늘날 이러한 관계에서조차 억지 소통이 이루어지는 경우가 종종 보인다.

내가 오랜 시간 심리 상담과 치료 분야에 종사하며 깨닫게 된 점은 현대인들이 소통 부재의 시대에 살고 있다는 사실이다. 아주 가까운 사람들과도 당연하면서 자연스러운 대화가 이루어지지 못한다. 부모와 자녀 사이도 마찬가지다. 부모가 "내 아이와 어떻게 대화해야 할지 모르겠다"고 고민하는 것은 아이와 소통하지 못하고 있기 때문이다.

이러한 가정의 대부분은 부모와 자녀의 대화가 피상적인 대화로 변질되어 있다. 한 가족임에도 사회적이고 사교적인 대화를 나누는 것이다. 우리가 대화라 이름 붙이는 대거리의 다양한 모습에서도 그러한 점을 찾을 수 있다.

예를 들어 엄마가 자녀를 꾸짖는 장면을 떠올려 보자. 흔히 엄마가 "너, 잘못했지? 잘못했다고 해!"라고 꾸짖고, 아이는 "잘못했어요"라고 답한다. 대화가 이렇게 끝나면 아이의 마음은 개운치 않다. 대거리는 했지만 소통이 이루어지지 않았기 때문이다. 이 경우 표면적으로는 충돌하지 않았어도, 어느 한쪽의 마음은 여전히 답답하다.

이와 반대로 싸우면서 진짜 대화를 나누는 경우도 있다. 대거리가 끝나면 속이 다 시원해지는 것이다. 그런 대화가 이루어지면 야단을 맞은 아이도 '하고 싶은 말을 하고 나니 마음이 후련하다'고 느낀다. 물론 싸우면서 감정을 터뜨리고도 마음이 개운치 않은 경우도 있다. 이 경우에는 다툼이 끝나도 '후련하다'는 기분을 느끼지 못한다. 서로 그저 감정의 날을 세우기만 하고 끝났기 때문이다. 다시 말해, 부모와 자녀가 각자 자기 집착을 강하게 드러냈을 뿐 상대에게 진정으로 관심을 기울이지 않았기 때문이다.

그래서 나는 이 책에서 '진정한 관심'에 대해 자주 이야기하려고 한다. 미리 간략히 설명하자면, 사람이 상대에게 진정한 관심을 기울이지 못하는 것은 그 사람의 본성이 나빠서가 아니다. 오히려 그런 사람은 가정에서나 회사에서나 대체로 성실하다. 누구보다 성실한데 늘 인간관계가 잘 풀리지 않는다. 상대에게 '진정한 관심'을 기울일 줄 모르기 때문이다. 나는 이 경우 '마음의 통로가 좁다'라고 표현한다. 특히 열등감을 극복하려고 이 악물고 애쓰는 사람일수록 마음의 통로가 좁다. 그래서 제아무리 열심히 산다 해도 꼭 행복해지지는 않는다. 그 사람의 성실함이 열등감에서 비롯한 것일 때는 자기 자신에게만 신경을 집중하느라 상대의 감정에 관심을 기울이며 제대로 살피지 못한다. 그러다 보니 당연히 의사소통이 잘 이루어지지 않는다.

게다가 열등감 때문에 열심히 사는 사람은 대개 솔직하지도 못하다. 하지만 대화란 자신과 상대에게 솔직해지는 것이다. 늦은 밤 지하철에 탄 상황을 생각해 보자. 몸이 물먹은 솜처럼 지쳐 늘어질 때, 좁은 자리라도 나눠 앉자고 옆으로 당겨 앉는 사람을 만나면 얼마나 반가운가? "여기 앉으세요"라는 한마디에 마음의 통로가 열린다. 이 상황이 솔직함과 무슨 상관이 있느냐고 할 수도 있다. 그런데 그 말 한마디에는 이런 감정이 숨어 있다. "(피곤해 보이네요. 그런데 자리를 양보하기에는 나도 많이 피곤하답니다. 둘이 앉기는 좀 좁겠지만 당신도) 여기 앉으세요." 이렇게 보면 참 솔직한 대화다. 이런 대화는 딱 한마디만 오가도 상대와 나 모두를 행복하게 한다.

사람은 타인과 대화를 해야 살 수 있다. 하지만 '소통이 중요하다'고 해서 아무 말이나 나눈다고 다 좋은 것은 아니다. 이런 경우를 생각해 보자. A는 B와 다툰 끝에 화가 치밀어 올랐다. 속이 상한 A는 C에게 열을 내며 B를 헐뜯는다. 이 상황을 소통의 측면에서 볼 때 A에게는 심각한 문제가 있다. 아무리 B에 대해 험담한들 그것으로 문제를 해결할 수 없다는 사실을 모른다는 점이다.

사람들은 남을 험담하면서 자신의 마음속에 소통을 방해하는 문제가 있다는 점은 깨닫지 못한다. 하지만 험담은 눈앞의 문제를 회피하는 방법일 뿐이다. 예를 들어 술자리에서 아무리 상사를 헐뜯은들 회사에서 일어난 문제가 해결되는 것은 아니다. 친구를 만나 아무리 아내나 남편의 흠을 들춰 봐도 가정사가 해결될 리 없다.

대화를 하라고 하면 무조건 어떤 말이든 하면 된다고 생각하는 사람들이 있다. 하지만 대화하는 관계에서 중요한 것은 '이야기하고 나면 편해지는 관계'인지 아닌지 하는 점이다. "너 정말 어쩌려고 그래?" 하고 책망하는 말이나 "두고 봐라. 이제 큰일 난다" 하고 엄포를 놓는 말은 대화가 아니다. 그런 말을 하는 사람은 이야기하고 나면 편해지는 대화 상대가 될 수 없다.

오늘날 사람들이 인간관계에서 느끼는 가장 큰 문제는 바로 이처럼 이야기하고 나면 편해지는 관계가 점점 줄어든다는 점이다. 아무리 친구가 많아도 이야기하고 나면 편해지는 관계가 아니라면 무슨 소용이 있을까? 이야기를 했으니 소통도 이루어졌다고 생각하겠지만, 그 후에 서로 마음이 편해지지 않았다면 소통하지 못한 사이, 즉 불통의 관계다. 사람과 사람 사이의 소통은 편안함과 즐거움이 전제되어야만 비로소 가능해진다. 대화가 잘 통하는 사람에게서는 '상대가 나를 어떻게 생각할까?'라는 공포심이 생기지 않는다. 자신 스스로 원하는 바를 알고 있고 상대가 원하는 것 또한 알고 있기 때문이다. 그것이 대화의 기본이자 핵심이다.

따라서 서로 즐겁게 이야기를 나누는 듯 보여도, 자신이 원하는 것을 정확히 알지 못하고, 이야기를 나누는 상대도 말을 그저 흘려듣고 있다면 제대로 된 대화가 이루어지는 것으로 볼 수 없다. 거리나 지하철에서 들려오는 어린 학생들의 이야기에 귀를 기울여 보라. 도무지 정확한 뜻을 짐작할 수 없는 말, 은어나 줄임말 같은 이른바 '외계어'들이 수없이 등장한다. 정체불명의 짧은 단어로, 이런저런 의미를 뭉뚱그려 표현한다. 그러다 보니 도통 정확한 의미를 알 수 없고, 말에도 진심이 묻어 있지 않다. 말하는 사람과 듣는 사람 모두 명확히 이해할 수 없고, 진지하게 받아들이지 않는 대화가 오간다. 이런 식의 대화를 통해서는 상대와 오래 사귄다고 해도 '이야기하고 나면 편해지는 관계'가 되기 어렵다.

물론 이러한 사람들도 자신의 의지를 전달하는 방법과 타인의 의사를 알아채는 방법을 익히면 훨씬 좋은 인간관계를 만들 수 있다. 상호 이해하는 방법만 알면 의사소통 능력은 얼마든지 향상시킬 수 있다. 자신의 마음을 알고 상대에게 그것을 전하는 것, 즉 감정이 전달된다는 것은 얼마나 대단한 일인가? 그것이 바로 진정한 소통이다.

소통 능력이 없는 사람은 또한 남의 말에 쉽게 따른다. 상대방이 "같이 갈래?"라고 물으면 "오늘은 안 갈래" 하고 자기 생각을 분명히 밝히지 못한다. 소통을 하려면 먼저 자신의 의지를 들여다보아야 하지만 타인에게 휩쓸리며 사는 사람은 제대로 된 의사 표현을 하지 못한다. 그래서 스스로 판단하지 않고 남의 말을 곧이곧대로 믿는 사람이 많다. 뒷

말, 쑥덕공론을 믿는 사람들이 대표적이다. 이들은 누군가 "저 사람, 그렇고 그렇대"라고 말하면 그대로 믿는다. 하지만 소문은 '이야기하고 나면 편해지는 관계'에서 이루어지는 소통이 아니다. 소문에 귀 기울이는 사람, 소문을 퍼뜨리는 사람치고 인간관계를 잘 맺는 사람이 없다. 그 어디에도 마음을 안정적으로 의탁할 곳이 없기 때문이다.

소통하는 인간관계에서 또 하나 중요한 것은 상대를 잘 파악하는 일이다. 내가 소통하려는 상대가 소통 능력을 갖춘 사람일 수 있지만, 그렇지 않을 가능성도 있다. 그럼에도 남을 항상 똑같은 방식으로 대하는 사람은 소통 능력이 없는 사람이다. 소통 능력이 있는 사람은 상대에게 맞출 줄 안다. 때로는 상대가 하는 말을 흘려들을 줄도 안다.

더운데도 긴소매 옷을 입고 버티는 사람을 상상해 보라. 소통을 못하는 사람이란, 이처럼 벗으면 시원할 것을 뙤약볕 아래서도 끝까지 긴소매를 입고 더위를 감수하는 사람과 같다. 더우면 벗고 추우면 껴입는 것이 자연스러운 일인데도 말이다. 계절에 맞춰 옷을 입고 벗는 것처럼 타인과의 소통에도 상대를 잘 파악하는 일이 필요하다. 자기 집착이 강한 성향의 사람은 상대에 맞출 줄 모르기에 항상 '상대의 성격을 바꾸자'고 덤비다가 문제를 일으킨다.

소통이란 각자의 의지와 요구, 희망 사항을 상대에게 전하는 것이다. 자기 집착이 강한 사람들이 이에 실패하는 까닭은 무의식적으로 어떤 문제를 끌어안고 있어 상대를 보지 못하기 때문이다.

이 책은 '소통과 무의식의 관계'에 대해 이야기하며, 무의식 속의 문제를 해결하는 법을 안내한다. 책을 읽는 누구나 '자기 안에 존재하는 치유의 세계'를 들여다봄으로써 자신의 무의식을 인지하고 소통에 활용할 수 있었으면 한다. 소통의 문제로 고민하지 않는 삶을 살기 위해서라도, 인간관계를 잘 다스리는 비결, 문제 해결의 실마리를 찾아내어 자신과 타인을 연결하는 마음의 통로를 넓히기 바란다.

 3장 마음의 통로를 넓히는 법

6장 소통하는 힘을 키우는 심리학

일러두기 옮긴이 주는 각주로 표시하였습니다.

자기 안에 존재하지만 자신에게는 보이지 않고 상대에게만 보이는

영역이 바로 내 안에 존재하는 벌거벗은 임금님이다.

우리가 인간관계에서 '뭔가 잘못되었다'고 느낄 때 '내 안에 존재하는

벌거벗은 임금님'의 영역은 이미 거대한 왕좌를 차지하고 있다.

1장

나는 나를 얼마나 알고 있는가

나를 아는 어려움

사람은 누구나 자기 자신에 대해 잘 알고 있다고 생각한다. 그런데 심리학의 고전으로 불리는 《어떻게 행복해질 수 있을까How to be happy through human》의 저자 W. 베란 울프W. Beran Wolfe●는 "인간이 자기 자신을 객관적으로 보기란 매우 어렵다"고 지적했다. 실제로 우리가 모두 자기 자신을 잘 안다면, 인간관계에서 심각한 문제가 그리 자주 일어나지는 않을 것이다. **심각한 문제가 빈번히 발생할 때는 내 눈에 보이지 않는 또 다른 나에 대해 생각해 볼 필요가 있다.**

서양 속담에 "현명한 사람은 남의 결점을 보고 자신의 결점을 고친다"는 말이 있다. 남의 흠은 잘 보여도 자신의 흠은 여간해서는 잘 보이지 않는다는 것을 나타내는 말이다. 그렇기에 '사람이 자기 문제를 모르는 것은 당연하다'고 말하는 사람은, 자신은 모르지만 남은 잘 아는 문제가 자신에게 존재한다는 사실을 알고 있는 사람이다. 이런 사람은 비교적 인간관계에서 비극적인 사건을 일으키지 않는다.

● 20세기 초 근대 정신의학의 창시자로 불리는 알프레드 아들러(Alfred Adler)와 함께 '아들러 심리학'을 정립한 임상 심리학자이자 정신의학자.

허세와 무의식

허풍쟁이의 무의식을 예로 들면 '나만 모르고 남들은 다 아는 내 모습'을 쉽게 이해할 수 있다. 허풍쟁이는 주위 사람들은 모두 거짓말인 줄 아는데도 허구한 날 허세를 부린다. 그의 말이 허풍을 넘어 새빨간 거짓말에 가까운 줄 다 알면서도 사람들은 모른 척한다.

"이 다이아몬드, 예쁘다고 한마디 했더니 그이가 선뜻 사 주더라." "얼마 전에 국회의원 ○○○씨를 만났는데 날 붙잡고는 밥 한번 같이 먹자고 어찌나 조르던지."

듣는 사람들은 말하는 이의 진짜 모습을 알고 있는데 정작 허세를 부리는 사람은 그것을 깨닫지 못한다. 조촐한 식사 자리를 '성대한 파티'로 부풀리고, 싸구려 주스를 '고급 와인'으로 둔갑시키는 사람들의 무의식에는 심각한 고독감과 열등감이 자리 잡고 있다.

안타깝게도 그런 허세는 남들의 눈에 훤히 들여다보이기 마련이다. 하지만 주위 사람들은 허세를 부리는 사람에게 "허풍 좀 그만 떨어라" 또는 "그러다 친구들 다 떠난다"라고 친절하게 알려 주지 않는다. 때문에 당사자는 언제까지나 자신의 모습을 깨닫지 못한다.

그런 사람들을 상담할 때 나는 "당신이 병에 걸렸을 때 진심으로 당신을 도와줄 사람에는 누가 있을까요?"라고 질문을 던진다. 지금 가깝게 지내는 사람 중에 '정말 친한 사람이 있는지' 자신에게 물어보라는 것이다. 또 "다른 사람에게 당신의 속마음을 말할 수 있나요?"라고 묻는다. 두 질문은 모두 자신의 무의식을 깨닫는 데 도움을 주기 위한 것이다. 결론적으로 **위기 상황에서 자신을 도와주거나 진심을 이야기할 수 있는 사람이 없다면, '남에게는 보이지만 자신에게는 보이지 않는 무의식의 영역이 크다'**고 생각할 수 있다.

내 안의 벌거벗은 임금님

더 일반적인 예를 들어 보자. 누구나 체면 때문에 억지웃음을 지을 때가 있다. 신기하게도 그럴 때마다 주변 사람들이 금방 알아채는데, 정작 자신은 남들이 모를 것이라고 생각한다. 젊게 보이고 싶어 애쓴 티가 역력한 중년 아저씨, 아줌마의 경우도 마찬가지다. 이렇게 겉과 속이 차이가 나면 남들은 확연히 알아보고 속으로 웃는다. 자신에게 일어나고 있는 일을 자기만 눈치채지 못하는 참으로 안타까운 상황이 발생한다.

지나치게 승부욕이 강한 사람들은 어떤가? 무슨 일이든 이겨야 직성이 풀리다 보니 주위가 다 경쟁자, 적이라고 해도 과언이 아니다. 불신 속에 살고 있다고도 할 수 있다. 그래서 힘들고 어려운 상황을 겪으면서도 어쨌든 '잘나가는 척'을 한다. 자신의 위치를 잘못 알고 있는 것이다. 남들 눈에는 다 보이는데 자기 눈에만 보이지 않는 현실. 그래서 이런 경우에 나는 '내 안에 존재하는 벌거벗은 임금님'이라는 표현을 쓴다.

남들이 진실을 말해 주지 않는 것은 그 사람을 신뢰하지 않기 때문이다. 그래서 "정말? 그렇구나" 하는 거짓 반응만 보인다. 그런 관계에서 소통이 이루어질 리 없으며 마음이 통할 리는 더더욱 없다. 그래서 '뭔가 잘못되었다'고 느끼고 주위를 둘러보면, 이미 사람들은 떠나 버리고 없다. 자기 안에 존재하는 무의식의 영역이 커질 때 이런 문제가 생겨난다.

요약하면 이렇다. **자기 안에 존재하지만 '자신에게는 보이지 않고 상대에게만 보이는' 영역이 바로 '내 안에 존재하는 벌거벗은 임금님'이다.** 우리가 인간관계에서 '뭔가 잘못되었다'고 느낄 때 '내 안에 존재하는 벌거벗은 임금님'의 영역은 이미 거대한 왕좌를 차지하고 있다.

자신도 모르게 행복을 저버리는 사람

이제 우리 내면을 조금 체계적으로 들여다보자. 자신의 눈
에 보이는지 여부에 따라, 우리 내면을 스스로 의식할 수
있는 영역과 의식할 수 없는 무의식의 영역으로 나눌 수 있
다. 또 상대의 눈에 보이는지 여부에 따라, 상대에게 보이는
영역과 상대에게 보이지 않는 영역을 구분할 수 있다.

　자신이 파악할 수 있는지 여부와 상대방이 파악할 수 있
는지 여부, 이 두 가지 요소를 축으로 삼아 교차시키자. 그
런 다음 가로축의 오른쪽을 '상대에게 보이는 영역', 왼쪽을
'상대에게 보이지 않는 영역'이라 하고, 세로축의 위를 '자신
이 의식할 수 있는 영역', 아래를 '자신이 의식하지 못하는
무의식의 영역'이라고 하자. 그러면 다음과 같은 4개의 영역
이 생긴다.

우리 내면의 4개 영역

스스로 의식하는 영역

자신

내 안에
존재하는
경계의 세계
p. 48

내 안에
존재하는
치유의 세계
p. 181

내 안에
존재하는
위험한 세계
p. 33

내 안에
존재하는
벌거벗은 임금님
p. 21

상대

상대에게 보이는 영역

'내 안에 존재하는 벌거벗은 임금님'이란
자신에게 보이지 않지만 상대에게는 보이는 영역이다.

인간관계에서는 이 4개의 영역이 다양하게 조합되어 상호 관계가 맺어진다. 이 4개의 영역을 설정하는 방식은 '조해리의 창Johari's Windows*'과 같다. '조해리의 창'에 관한 최초의 저서(조지프 루프트, 《인간의 상호작용·Of Human Interaction》)에서는 인간의 내면을 open(열린), hidden(숨겨진), blind(눈먼), unknown(모르는)이라는 4개의 영역으로 구분했다. 자신이 알고 있는 자신과 타인이 알고 있는 자신이라는 두 축을 토대로 4개 영역의 자신을 파악하는 것이다. 각 영역은 상대에 따라 크기가 달라지며, 절대 고정적이지 않다.

자기 자신에 대해 아는 것이 얼마나 중요한지 허풍쟁이의 이야기로 되돌아가 보자. 허풍쟁이는 사실을 부풀리는 말과 행동으로 그 가치를 과장하면서 남들이 자신의 속마음을 모를 것이라고 생각하지만, 주위 사람들은 대체로 그 사람의 본심을 간파하고 있다. 직업적으로 본다면 이런 사람에게는 장사가 어울린다. 물건을 사는 사람은 '장사치는 물건을 팔려고 과장하기 마련이다'라고 생각하기 때문이다.

1955년 심리학자 조지프 루프트(Joseph Luft)와 해리 잉검(Harry Ingham)이 만든 개념으로 두 사람의 이름을 합성하여 조해리(Joe+Harry=Johari)의 창이라고 명명하였다. 마음을 4개 영역으로 분류해 인간관계를 진단한다.

물건을 팔기 위해 "이 상품이 최곱니다!"라고 거짓말을 보태는 사람을 순수하게 신뢰하는 사람은 없으니, 장사는 허풍이 용인되는 직업이라고 할 수 있다.

그런데 어찌 된 일인지 허풍쟁이는 자신과 전혀 관련 없는 분야, 이를테면 학자와 같은 길을 가기 위해 애쓴다. 가장 안 어울리는 분야에서 기를 쓰고 노력하는 것이다. 그 자신은 자신에게 어울리지 않는 분야인 줄 모르지만, 주위 사람들은 그 사람의 자질을 알고 있다. 사람이 자기 자신을 파악하지 못하게 방해하는 것은 그 사람이 지닌 가치관이다. 자신은 남들보다 지적이고, 우수하며, 잘난 사람이기에 더 나은 대우와 존경을 받아야 한다고 생각한다. 세계와 타인을 바라보는 시선에 비해 자신에 대한 가치 평가는 지나치게 관대하다. 잘못된 자기평가가 진짜 자기 모습을 보지 못하게 가리는 것이다. 이는 자신이 누릴 수 있는 행복을 자기도 모르는 사이에 내버리는 것과 다름없다.

자신을 아는 것부터 시작하라

자신을 사랑한다는 것은 '내 안에 존재하는 벌거벗은 임금님'의 영역을 줄이는 것과 같다. 일례로 자신이 사자라는 사실에 만족스러워하는 사자 A가 있다. 타고난 본성대로 고깃덩어리를 즐기는 A는 옆에서 풀을 뜯는 토끼를 보면 '저 녀석은 풀을 참 맛있게 먹는군' 하고 생각한다. 또 다른 사자 B는 자신이 사자라는 사실을 싫어한다. 그러다 보니 '사자=육식'이라는 상식마저 거부하고, 고깃덩어리 대신 억지로 케이크를 먹는다. B는 옆에서 풀을 뜯는 토끼를 보면 '저 녀석, 싫은데도 꾸역꾸역 먹는군' 하고 비웃는다. 그러면서 '나는 고기를 싫어하고 케이크를 좋아해'라고 스스로를 세뇌한다. 하지만 주위 사람들은 모두 사자가 케이크를 먹는 일은 누가 봐도 억지스럽고 힘든 일임을 알고 있다. 자신을 사랑하지 않고 본성을 부정하는 무리한 시도가 자신은 모르고 타인만 아는 영역을 키운 것이다. 이는 사람의 경우에도 공통적으로 적용된다.

낯가림이 심해 남들과 어울리기보다 혼자 사색하고 정적인 취미 생활을 즐기기 좋아하는 사람이 사람을 자주 상대해야 하거나, 대중 앞에서 연설해야 한다거나 하는 일을 직업으로 선택한다면 어떨까? 물론 그 일에 맞춰 잘해 나갈 수도 있겠지만, 자신의 성격과 맞지 않아 힘들어할 수도 있다. 이런 사람은 힘들다는 것을 알면서도 억지로 그 일에 자신을 맞추기 위해 애쓰지만, 타인의 눈에는 그 사람이 무리하고 있는 것이 보인다.

그런데 문제는 이처럼 무리한 시도가 반발심과 적개심을 생성한다는 점이다. 그 결과, 종종 상황에 어울리지 않는 감정을 폭발시키는 일이 발생한다. 주위 사람들에게는 무의식에 감춰진 속마음이 보이지만, 당사자는 그것이 상황에 어울리지 않는 감정이라는 사실을 깨닫지 못한다.

'내 안에 존재하는 벌거벗은 임금님'의 영역이 큰 사람의 특징으로 들 수 있는 또 다른 예는 메시아 콤플렉스다. 자신이 세상을 구원할 사람이라 믿으며 오로지 다른 사람들에게 문제가 있다고 생각하는 사고방식이다. 대개 자신이 처한 위치를 제대로 알지 못하고 심각한 열등감을 느끼는 사람 중에 이런 경우가 많다. 물론 그런 사람이 세계를 구한다는 것은 어림도 없다. 모든 일을 상대의 탓으로 돌리는 책임 전가 버릇이 있는 사람, 무의식 속에 말로는 표현 못할 미움과 불만을 품고 있는 사람일수록 '인류를 구하겠다'고 큰소리친다. 하지만 이들의 일면은 유약하고 또 비겁하다. '인류를 구하겠다'는 사랑의 소망 저편에는 타인을 향한 더할 수 없는 미움이 숨어 있다.

때문에 메시아 콤플렉스인 사람은 우선 자기 자신부터

구해야 한다. 그런 다음 주위의 인간관계를 바꿔야 한다. 동화 〈벌거벗은 임금님〉에서도 신하들은 듣기 좋은 거짓말로 임금에게 아첨하며 자기 자리를 지키는 데 급급했다. 임금의 주위에는 보신주의자들만 가득했던 것이다. 따라서 **먼저 자신을 알고, 인정하고, 사랑하고 나서야 비로소 다른 사람들과 제대로 된 관계를 맺을 수 있다. 소통을 시도하기 전에 자기 자신을 들여다보아야 하는 이유가 바로 여기 있다.**

소통할 줄 모르는 사람은 심리적 거리가
1미터인 사람과 1센티미터인 사람이 하는 말의 차이를 알지 못한다.
그래서 심리적 거리가 달라져도 거리에 따른
적절한 감정이 생기지 않는다.

2장

타인과의
거리를 아는 법

내 안의 위험한 세계

A가 B에게 친절을 베푼다. 그런데 정작 A는 자신이 왜 B에게 친절히 대하는지 모른다. B도 A가 베푸는 친절의 동기를 알 수 없다. 실제로는 상대가 자신을 싫어할까 봐 두려워하는 심리에서 비롯된 친절이거나, 사회적 체면 때문에 베푼 선의인데도 스스로 그 사실을 의식하지 못하고, 상대 역시 공포감이 빚어낸 친절을 누리고 있다고는 생각하지 못한다.

미국의 심리 카운슬러 앨런 로이 맥기니스Alan Loy McGinnis[*]는 연인이나 부부가 찾아오면 종종 '서로를 소개해 보라'는 주문을 한다. 생각 외로 많은 이들이 함께 살면서도 상대가 어떤 사람인지 제대로 알지 못한다. 생활상의 관계는 가깝지만 마음과 마음의 관계는 멀기 때문이다.

부모와 자녀 사이도 마찬가지다. 예컨대 집중력 부족으로 고민하는 아이가 있다. 그런데 아이는 자신의 마음 깊은 곳에 불만이 쌓여 있기에 몰입이 되지 않는다는 사실을 알

---

[*] 심리학 박사, 기업 컨설턴트, 강연가. 밸리카운슬링센터를 설립하고, 활발한 저술 활동을 펼쳤다. 전 세계 14개국에 책이 번역되었으며, 우리나라에도 《서번트 리더십》 등이 소개된 바 있다.

지 못한다. 부모 또한 자녀의 집중력이 떨어진다는 겉으로 드러난 상황만 알 뿐 자녀의 마음속에 불만이 쌓여 있다는 사실을 눈치채지 못한다.

이처럼 부모와 자녀 같은 가까운 관계에서조차 자기 자신과 상대에 대해 전혀 파악하지 못하는 영역이 '내 안의 위험한 세계'다. 세상을 떠들썩하게 하는 사건들이 이러한 관계에서 기인한다고 해도 과언이 아니다.

어느 효자 아들의 경우, 그가 효도하는 진짜 동기는 마더 콤플렉스다. 하지만 그는 자신이 진정 부모님을 위하고 있다고 생각하고, 그의 어머니도 아들이 효도하는 실제 동기를 모른다. 이런 경우 어긋난 애정이 곧 심각한 문제를 야기할 소지가 있다. 그러나 이면적으로 문제가 있는 관계라 하더라도 관계자 각자가 자신의 무의식에 대해 깨닫고 나면 갈등은 간단히 해결된다.

이상은 때로 현실을 망가뜨린다

첫눈에 반해 위대한 사랑에 빠진 연인이 있다. 그런데 어느 순간 서로 증오하는 관계로 돌변하고 만다. 완벽해 보였던

이들 역시 자신과 상대를 제대로 이해하지 못한 것이다. 남자는 평범한 그녀를 '이상의 여인'이라 착각하고, 현실적으로 보지 못했다. 여자 또한 평범한 그를 '이상적 남성'으로 보았기 때문에 현실의 그를 보지 못했다. 사랑의 도피 행각을 벌이는 남녀는 대체로 상대의 실체를 제대로 보지 못한다. 그래서 사랑을 맹세하며 도망친 이후 시간이 흘러 뜨거운 열정이 식고 나면 대개 애정 관계는 무너진다.

'함께, 또 따로'라는 말이 있다. 집단 자살에서 흔히 볼 수 있는 현상이다. 인터넷 동반 자살의 예를 보면 쉽게 이해할 수 있다. 그들은 여럿이 모여 함께 자살하지만 심적인 측면에서 보면 결국 혼자 고독하게 죽는 것과 다를 바 없다. 모여서 같이 죽으면서도 상대에게 무관심하기 때문이다. 때문에 집단 자살이란 지극히 개인적이다.

이른바 '좋은 엄마', '좋은 아빠', 그리고 그 사이에서 자란 '착한 자녀'가 사회적 문제를 일으키는 경우도 많다. 이 경우도 부모와 자녀 모두 무의식의 문제를 안고 있다고 볼 수 있다. 부모는 자신의 무의식에 무엇이 존재하는지 깨닫지 못하고 자녀의 감정에 대해서도 알지 못하며, 자녀 또한 자신이 원하는 바를 모를 뿐 아니라 부모에 대해서도 이해하지 못하는 상황이다. 관계 당사자가 자기 자신과 상대를 이해하지 못하는 인식의 단절은 결국 비극으로 이어진다. 언론이 '도대체 왜?'라는 제목을 붙여 집중 보도하는 사건들 대다수가 이와 같은 어긋난 관계에서 파생된다고 바도 무리가 아니다.

아동기의 경험은 그 사람의 일생에 크나큰 영향을 미친다. 그런데 아이와 그 아이를 둘러싼 주변 사람들이 서로 자기 자신과 상대에 대해 제대로 알고 있는 경우는 얼마나 될까? 문제를 일으킨 아이를 상담하다 보면 대체로 부모의 부부 관계가 원만하지 못하다는 사실을 확인할 수 있다. 아내는 남편과 두터운 유대 관계를 맺고 있다고 생각하지만 실상은 그렇지 않으며, 표면적으로 아무 문제가 없어 보여도 본질적으로는 문제를 안고 있다. 본인들은 서로가 긴밀한 관계를 맺고 있다고 생각하지만 심리적으로는 멀리 떨어져 있는 경우가 부지기수다.

크리스마스 파티를 열고 자녀에게 선물을 사 주며 만족감을 느끼는 부모를 예로 들어 보자. 부모는 자신들이 '훌륭한 부모'이며 '우리는 멋진 가족'이라고 생각하겠지만, 실제로는 자신들이 사고 싶은 것을 샀을 뿐이다. 정작 자녀가 진짜 원하는 것이 무엇인지는 모르고 있다. 즉, 이 부모는 자녀를 제대로 이해하지 못하며, 자신들이 무엇을 왜 하고 있는지 또한 이해하지 못하고 있는 것이다.

부부 관계가 나쁜 부모는 자녀에게 응석 부린다

영국의 정신과 의사이자 정신분석학자인 존 볼비John
Bowlby가 '역할 전환role reversal 된 애착 행동'이라는 용어를
써서 지적했듯이 **자녀에게 응석을 부리는 부모는 자녀가 지금 무
엇을 원하는지 전혀 알지 못한다.** 이런 부모는 자녀를 이해하지
못할 뿐 아니라, 애당초 자녀가 무언가를 원할 수 있다는
사실 자체에 관심이 없다. 오로지 자신이 아이에게 무엇을
원하는지에만 온 관심이 쏠려 있다. 그러면서도 자신과 자
녀와의 관계에 문제가 없다고 생각한다.

'부모와 자녀 사이의 역할 전환'이란 부모가 자녀에게 자신
의 응석을 받아 달라고, 또는 자신을 돌봐 달라고 요구한다
는 의미다. 이 경우에는 주로 세 가지 특징이 나타나는데 **첫**

상대방이 자신에게 기대하는 방식으로 행동하는 상태. 가령 아버지가 아들
앞에서 어린애처럼 행동하는 반면 아들은 아버지 앞에서 더욱 성숙한 행동
을 보이는 경우가 이에 해당한다.

째, 부부 관계가 나쁘다. 만약 부부 관계가 좋은 부모라면 자녀가 아니라 배우자에게 기대는 것이 자연스럽다.

솔직하지 못한 부모는 미성숙자다

둘째, 부모가 자녀를 싫어한다. 자녀에게서 원하는 바를 충족하지 못한 부모는 자녀에게 불만을 느낀다. 즉, 자녀가 싫어진다. 부모의 어리광 욕구를 조금 더 구체적으로 표현하자면 '나에게 좀 더 관심을 가져 달라'는 것이다. 다시 말해 '항상 나에게 관심을 100퍼센트 쏟지 않으면 싫어'라는 의미다.

어떤 아버지의 예를 보자. 아버지는 쓰레기통을 가리키며 자녀에게 "저거 신문이냐?"라고 묻는다. 그러면 자녀가 서둘러 신문을 찾아온다. 이 아버지는 "신문 좀 가져다주렴" 하고 직접적으로 말하지 않고, 자녀가 신문을 가져오게 하고 싶었다. 그래서 신문이 아닌 다른 것을 가리키면서 "저거 신문이냐?"라고 물은 것이다. 그에게는 "신문 좀 가져다주렴" 하고 요구해 자녀가 신문을 가져오도록 하는 일은 의미가 없다. 무슨 말인가 하면, 이 아버지가 진짜 받고 싶은 것은 자녀의 관심인 것이다. 그런데 자녀는 자신이 바라는 만큼 관심을 주지 않는다. 그래서 솔직하게 말하지 못하고 쓰레기통을 가리키면서 "저거 신문이냐?"라고 물으며 자녀의 애정을 확인한다.

이런 식으로 관심을 불러오는 과정은 부모로 하여금 점점 자녀를 못마땅하게 여기도록 만든다. 부모의 욕구를 모조리 채워 주는 자녀란 있을 수 없기 때문이다. 그래서 부모는 자녀에게 응석을 부리면서, 그 욕구가 만족되지 않으면 자녀를 괴롭힌다.

불만이 있는 사람은 상대를 괴롭힌다. 직접 부딪치면 싸움이 나기 때문이다. 이런 사람에게는 직접 부딪쳐 싸울 의욕이 없다. 게다가 대체로 정말 좋아하는 것이 없기 때문에 무얼 해도 열정적으로 임하지 않는다. 명상하고, 산책하고, 그림을 그려 봐도 재미를 느끼지 못한다. 좋아하는 사람에게 불만이 있으니 좋아하는 사람과 같이 있어도 따분하기만 하다.

누구나 기대가 어그러지면 상처받는다. 좋아하는 상대가 자신의 요구대로 움직여 주지 않으면 상대를 좋아하면서도 싫어하는 상반된 감정을 품게 되는 것이 그 예이다. 상대에 애증을 느끼는 사람은 상대가 들어주지도 않을 억지 요구를 한다.

특히 정서적으로 미숙한 사람일수록 좋아하는 사람을 괴롭히려고 든다. 그 사람의 반응을 보고 싶기 때문이다. 그래서 솔직해지지 못하고, 친절하고 자상하게 대해야 할 상대에게 차갑게 반응한다. 부모와 자녀가 모두 정서적으로 성숙하지 못하다면, 부모는 자녀에게 솔직할 수 없고 자녀는 부모에게 솔직할 수 없다. 때문에 부모도 자녀도 사랑받는 법을 알지 못한다. 사랑을 주는 일 또한 하지 못한다.

정서적으로 성숙한 사람의 '애정'과 정서적으로 미숙한 사람의 '애정'은 다르다. 후자는 사랑과 미움을 동시에 느끼는 만큼 모순투성이다. 이런 관계에서는 소통이 불가능하다. 솔직해질 수 없는 사이, 서로 편리에 따라 만나는 사이가 될 뿐이다.

서로 상대를 잘 안다는 착각

'부모와 자녀 사이의 역할 전환'의 세 번째 특징은 역할 전환 현상이 베일에 가려 있다는 점이다. 사회적 사건이 대두할 때 자주 등장하는 단어는 가족 여행이다. 가족끼리 여행을 다

닐 정도면 곁에서 보기에 '사이좋은 가족'이다. 그런데 그 가족에게 심각한 문제가 숨어 있다는 사실은 '베일에 가려' 있다.

앞서 기술한 것처럼 신문 사회면을 장식하는 가족 파탄 사건이 일어났을 때 사건 당사자 가족의 심리를 분석해 보면, 가족 구성원이 자기 자신과 상대를 제대로 이해하지 못했다는 사실이 드러난다. 그러면서도 **서로 상대를 잘 안다고 착각하고 있다.** 이러한 심리 상태에서 누군가 기대에 어긋나는 행동을 하면 더 이상 대화가 불가능해지면서 상대에게 짜증이 치민다. 더군다나 서로 마음이 엇갈려 있다는 사실조차 인식하지 못하고, 각자 어긋난 방향을 향해 자신의 존재를 강조하기에만 급급해한다. 이런 상황에서 의사소통이 가능할 리 없다.

흔히 아버지가 자녀에게 자신이 얼마나 크게 희생하고 있는지를 강조하고 생색내는 경우가 있는데 이 또한 마찬가지다. 아버지는 자신의 가치만을 강조하기 때문에 자녀와의 소통은 이루어지지 못한다. 오히려 대화를 하면 할수록 서로 간에 더 큰 불만이 생겨난다.

열등감은 타인과의 거리를 틀어 놓는다

스스로 인식할 수 없으면서 상대에게도 보이지 않는 내면세계를 나는 '내 안의 위험한 세계'라고 부른다. 인간관계에서 도저히 이해할 수 없고, 불쾌하고, 참을 수 없는 문제가 발생할 때는 '내 안의 위험한 세계'가 원인인 경우가 많다. 자신의 내면에 '내 안의 위험한 세계'의 영역이 큰 사람들은 자폭 테러리스트와 같은 존재다. 도무지 이해할 수 없는 일을 저지르기 때문이다. 꼭 진짜 테러 같은 엄청난 사회적 문제를 일으키지는 않더라도, 이러한 사람들은 종종 주변 환경에서 고립되어 버린다.

열등감이 심한 사람들이 그렇다. 이들은 자신이 남에게 폐를 끼치든 말든 안중에 없다. 제 마음속 상처를 달래는 것 말고는 아무것도 생각할 겨를이 없기 때문이다. 부모가 열등감을 가지고 있으면 자녀와의 관계에서도 바람직하지 않은 모습을 보인다. 자녀를 성장시키는 것보다 자기 마음속에 있는 증오심을 떨쳐 내는 일이 급선무로 자리 잡기 때문이다.

칭찬에 인색한 아버지의 예를 들어 보자. 아들이 동네 야구 시합에서 뛰어난 활약을 한 날, 저녁 식사 자리에서 자신의 활약상을 이야기한다. 그러나 아버지는 "그 정도로 우쭐해한다면 넌 아직 멀었어"라며 아들을 인정해 주지 않는다. 아들이 학교 시험에서 좋은 성적을 받아 와도 "그 학교에서 성적이 좋아 봤자지"라며 깎아내리고, 기어코 칭찬 한 번 해 주지 않는다.

이 모든 것은 아버지의 내면에 자신도, 주변 사람들도 모르는 열등감이 있기 때문이다. 그런 아버지는 가족을 비롯한 모든 타인에게 "야, 대단한데!"라는 칭찬을 하면 반대로 자신이 열등하게 느껴질까 봐 타인을 칭찬하는 데 지나치게 인색하다. 그래서 언제나 '내가 이런 사람이야, 이 사람들아!' 하고 주위에 내세우고 싶어 한다.

그 결과 아무리 노력해도 아버지에게 인정받지 못하는 자녀는 결국 마음에 커다란 상처를 입는다. 아버지는 주변을 과도하게 의식한 나머지 자신의 자녀가 최고의 자리에 올라야만 남 앞에 당당히 드러낼 수 있다고 여긴다. 그것 말고는 내세울 가치가 없다고 생각한다.

극단적으로 말하면, 이 아버지의 마음은 비정상적이다. 다만 사회적으로 인정받을 만한 회사에 다닌다는 명분과 직함 덕분에 비정상적으로 보이지 않을 뿐이다. 하지만 가족 구성원으로서의 그의 모습은 비정상적이다. 만약 주위 사람들이 이러한 모습을 본다면 어떻게 생각할까? '그렇게까지 1등에 집착하는 이유가 뭐지?' 하고 이상하게 여길 것이다. 자신도 상대도 제대로 보지 못하는 가족은 결국 주위로부터 고립되어 버린다. 이해할 수 없는 행동을 하는 사람들이라고 인식하면 주위 사람들은 더 이상 사랑과 관심을 쏟아 주지 않는다. 하지만 정작 이해할 수 없는 행동을 하는 사람들은 그런 행동 방식을 유지해야만 남들이 자신에게 관심을 쏟아 줄 것이라고 생각한다. 열등감이 이해의 단절 차원을 넘어 고립을 부르는 것이다.

복종 뒤에 숨은 적의

후에 인간관계의 거리감에 대해 더 자세히 다루겠지만, 우선 인간관계의 심리적 거리와 소통에 관해 간략히 짚고 넘어가자. **자기 자신을 이해하지 못하는 사람은 타인 또한 이해할 수 없다.** 사람의 마음을 꿰뚫어 볼 능력이 없기 때문이다. 뻔뻔한 사람, 낯이 두꺼운 사람, 상대가 무엇을 원하는지 모르는 사람은 상대와 심리적 거리가 멀다.

상대와 심리적 거리가 '멀다'는 것은 물리적 거리가 가까운 사람을 대할 때와 생판 모르는 남을 만날 때의 마음에 별 차이가 없다는 것을 의미한다. 심각한 경우 부모와 자녀 사이에도 서로 길에서 지나치는 행인 이상의 의미를 느끼지 못할 수 있다. 청소년이 일으키는 중대한 사건을 보면, 대다수가 사건을 일으키기 전 겉으로는 온순하고 순종적인 모습을 보였다는 사실을 알 수 있다. 정신분석학자 에리히 프롬Erich Fromm의 지적을 굳이 떠올리지 않더라도, 복종의 뒷면에 적대감이 있음은 이미 주지하고 있는 사실이다.

모범 청소년 범죄의 이면을 심리적으로 살펴보면, 하나의 공통점을 발견할 수 있다. 자녀는 마음 깊은 곳에서 부모에게 적대감을 느끼고 있었으나 스스로 그 점을 깨닫지 못했고, 부모는 부모대로 자녀의 마음 깊은 곳에 자신에 대한 적대감이 있다는 것을 눈치채지 못했다는 점이다. 즉, 자녀와 부모 사이에 마음의 통로가 없었던 것이다. 다시 말해, 자신의 내면을 스스로 깨닫지 못하고 상대 또한 인식하지 못하는 '내 안의 위험한 세계'가 지배하는 관계였다.

부모와 자녀가 모두 자기 자신과 상대를 제대로 보지 못하면, 서로 일상적인 관계를 맺고 있으면서도 제대로 된 소통을 할 수 없는 심리 상태에 놓이게 된다. 자녀는 '자신이 무엇을 원하는지' 알지 못한 채 그저 부모의 마음에 들고 싶어 한다. 순종하는 '착한 아이'는 자신의 마음속에 숨은 적의를 깨닫지 못한다. 부모와 자녀가 자기 자신은 물론 서로를 잘 알지 못하기에 어긋난 마음은 결국 비극적 사건으로까지 발전한다. 겉보기에 모범적으로 보이는 가정에서 문제아가 나오는 현상은 **모범적 가정이라는 겉모습과 서로 신뢰하고 있다는 감정이 실제로는 허구일 수 있다**는 사실을 일깨운다.

부모와 자녀 관계, 또는 사람과 사람 사이의 관계에서 상대가 나에게 베푼 어느 정도의 친절이나 행동으로 얻게 된 만족을 '좋아한다'는 감정으로 착각하는 경우가 있다. 그러나 실제로는 자신이 생각하는 것만큼 서로 친밀한 관계가 아닐 수 있다. 친밀한 관계라는 욕구의 만족에만 신경을 쏟느라 서로 '좋아하고 있다'고 착각하지만 실제로는 싫어하는 관계일 수도 있다는 점은 많은 것을 생각하게 한다.

'착실하고 번듯한 사람'이 폭발하는 이유

최근 심심치 않게 일어나는 무차별 범죄, 이른바 묻지 마 살인 사건을 살펴보면 아이러니하게도 범인이 착실하게 살아온 모범 시민인 경우가 많다. 아무리 노력하며 착실하게 살아도 하는 일마다 잘 안 풀리고, 무슨 일을 해도 결과가 좋지 않다 보니 결국 폭발해 버린 것이다. 마음속의 분노, 원망, 억울함이 불특정 다수를 향해 터져 버렸다.

사실, 세상 사람들 대부분이 이와 같이 치밀어 오르는 분노, 원망, 울화를 느끼며 산다. 그런데 왜 유독 그들만 끔찍한 사건을 저지르는 지경에 이르렀을까? 약삭빠르게 적당히 타협하면서, 남의 것을 탐내고 취하며 사는 사람들은 그런 사태로까지 치닫지 않는다. 어차피 성과를 위해 착실하게 노력하지 않기 때문이다.

하지만 폭발하는 사람은 남과 소통하지 못하는 상태에서 그저 열심히만 살다가 결국 막다른 골목에 다다른다. 분노와 원망과 억울함 때문에 받는 고통은, 타인과의 감정 교류 없이 그저 열심히만 살아온 결과인 것이다. 애를 쓰고 또 썼는데 이도 저도 안 풀리면, 평범한 사람이라도 화와 원망과 억울함을 못 이기게 된다. 때로는 자신도 모르게 누구라도 닥치는 대로 해치고 싶다는 충동에 휩싸이기도 한다.

그래서 **타인과 감정적으로 교류하지 못하고 혼자서 계속 애를 쓰는 것은 매우 위험하다.** 희대의 학살자라 불리는 독일의 히틀러도 노력하는 인간이었다. 이라크의 후세인 대통령, 캄보디아의 폴 포트 총리*도 마찬가지다. 이 세 사람처럼 인류의 적으로 여겨지는 이들도 개인적인 삶만 놓고 보면 열심히 살았다. 다만 타인과 감정의 교류 없이 혼자 노력한 점이 문제였다. 이들이 자신의 마음속에 '내 안의 위험한 세계'가 있음을 자각했다면, 위에서 말한 것과 같은 비극적인 사건들은 일어나지 않았을지 모른다.

내 안의 경계의 세계

"우리 아이는 당최 무슨 생각을 하는지 모르겠어요"라고 부모가 한숨짓는 것은 그나마 다행인 경우다. 자신이 자녀를 이해하지 못한다는 사실을 스스로 알고 있기 때문이다. **인간관계에 불행한 일이 발생했을 때를 보면 타인을 이해하지 못할 뿐만 아니라 이해하지 못한다는 사실 자체를 인식하지 못한 경우가 많다.** 부모가 심리적으로 아이처럼 유치해도 자신이 심리적으로 유치하다는 사실을 스스로 알고 있다면 문제가 될 우

---

* 캄보디아 공산혁명의 지도자로 킬링필드의 주역. 그가 정권을 잡은 동안 캄보디아 인구의 3분의 1이 처형되었다고 할 만큼 수많은 사람을 학살한 것으로 악명이 높다.

려는 없다. 하지만 이 경우에 스스로 '나는 정서적으로 성숙하며 훌륭한 사람'이라고 생각한다면 문제를 일으키는 원인이 될 수 있다.

　의사성장擬似成長이라는 말이 있다. 표면적으로는 성장한 듯 보이지만, 정서적으로는 사실 미숙한 상태를 가리킨다. 사회적으로 적응한 듯 보이나, 정서적으로는 적응하지 못했다는 의미다. **의사성장은 자신에게는 보이지만 상대에게는 보이지 않는 나의 영역에서 비롯된다. 나는 이를 '내 안에 존재하는 경계의 세계'라 부른다.** 이 영역이 큰 사람은 사회적으로 적응하여 타인에게 존경의 대상이 되기도 하지만, 정작 자기 자신에 대한 자존감은 없다. 상대는 나의 부족한 부분에 대해 깨닫지 못하고 있는데 스스로는 약점을 지니고 있다고 느끼기에 심리적으로 압력을 받고 위축되어 있다. 의사성장한 사람이 자신의 정서적 미숙함을 자각하는 상황, 즉 '내 안에 존재하는 경계의 세계'에서는 다행스럽게도 묻지 마 살상 사건 같은 큰 비극은 일어나지 않는다. 하지만 이 경계가 자신도 타인도 깨닫지 못하는 위험의 세계로 넘어가면 이야기는 달라진다. 비극은 '내 안의 위험한 세계'가 작동할 때 일어난다. 부모와 자녀의 관계뿐만 아니라 애인 사이든 또 다른 사이든 간에 인간관계에서 대참극이 일어났을 때

는 자신이 파악하지 못한 부분에 원인이 있음을 염두에 두
는 편이 좋다. 즉, 자신의 무의식이 사건의 원인이라고 생각
해야 한다.

마음이 닫힌 사람에게 상처받지 말라

상처받지 않고 살아간다는 것은 어려운 일이지만, 최대한
타인으로부터 자신의 마음을 보호하려면 사람을 볼 때 우
선 '마음의 통로가 닫혀 있는지, 열려 있는지'를 보아야 한
다. 상대의 마음의 통로가 닫혀 있다면, 아쉽지만 그 사람
과는 소통이 거의 불가능하다. 깊은 관계를 맺을수록 자신
이 상처 입을 뿐이다.

상대의 마음의 통로가 닫혀 있다면, 내 마음의 통로가 열
려 있는지 닫혀 있는지는 문제가 되지 않는다. 상대가 나를
제대로 보지 않으므로, 내 마음의 통로가 열려 있다 해도
상대에게는 내 마음이 보이지 않는다. 그런 사람은 자신을
보호하는 데만 신경을 쏟는 나머지 나에게 상처를 주고도
그 사실을 알아차리지 못한다. 게다가 그런 사람 중에는 상
대가 자신의 감정을 이해하는 것이 당연하다고 멋대로 단

정하는 사람도 있다. 상대가 자신을 이해해 주지 않으면, 상처를 입고 화를 낸다. 그러면서 정작 자신이 상대의 감정을 이해하려 하지 않는 것은 생각도 하지 않는다. 자신이 상처를 입는 것에는 매우 민감하고, 남에게 상처를 주는 일에는 아주 무관심하다.

따라서 사람을 대할 때 '이 사람은 자신의 무의식 영역이 압도적으로 크다는 점을 깨닫지 못하고 있다'는 생각이 들면, 그 사람을 너무 가까이하지 않는 편이 좋다. 그런 사람은 남의 호의를 순수하게 받아들이지 못하고, 진심을 오해할 가능성이 크다. 또한 남에게 상처가 되는 말도 자주 한다. 상대는 나를 제대로 알지 못하는 상태에서 말하는 것이므로 그런 말에 상처를 입는 것은 어리석다면 어리석은 일이다.

결국 사람이 다른 사람에게 상처를 주고 또 다른 사람에게서 상처를 입는 것은 마음의 통로로 관계를 맺기 때문이다. 관계에 심각한 문제가 생기는 이유도 실은 '보이지 않는 자신'의 영역을 깨닫지 못하는, 즉 소통 능력이 없는 상대를 만난 탓일 수 있다. 그런 상황에 맞닥뜨리면 '아, 이 사람은 마음의 통로가 좁으니 조심하자'고 생각하면 된다. '내가 정말 호의에서 무슨 일을 하든 오해하는구나'라고 생각하고 흘려 넘기자. 그러면 내 호의가 곡해되더라도 좌절하지 않는다. '역시 그렇군' 하고 넘기면 원망이 생기지 않는다. 그렇게 되면 마음의 상처도 그리 깊게 남지 않을 것이다.

소통의 달인

마음에 깊은 상처가 생기는 것은 관계를 맺은 두 사람 모두 자기 자신과 상대를 이해하지 못하기 때문이다. 소통을 잘하는 사람은 '자기 자신을 이해하지 못하는 사람'과 거리를 둔다. 상대를 향한 자신의 '행동'과 '말'이 모두 오해받는다는 것을 잘 알고 있다. 이런 사람은 또 상대의 언행 변화에 민감하게 반응한다. 마음에 갈등이 없어 상대를 제대로 바라볼 여유가 있기 때문이다.

우리는 흔히 자아가 확립되어 있다거나 확립되지 않았다는 말을 한다. 자아를 확립하기 위한 필수 요건은 소통 능력이다. 불필요하게 상처받는 일 또한 적어야 한다. 그 나이에 맞는 자아를 확립하는 것은 곧 바람직한 소통의 조건이기도 하다. 당연한 이야기지만, 자신의 나이에 적절한 자아가 확립되지 않으면 소통은 결코 잘 이루어질 수 없다.《논어》의 유명한 어구 중 "남이 자신을 알아주지 않음을 걱정하지 말고, 내가 남을 알아주지 못함을 걱정하라不患人之不己知, 患不知人也"는 말이 있다. 이것이 바로 소통의 달인의 마음가짐이다.

자기실현이란 '마음의 통로'를 만드는 것

소통할 줄 모르는 사람은 '저 사람은 내 마음을 몰라. 조금이라도 알아주면 좋을 텐데'라고 생각하며 스스로 상처 입는다. 상대가 자신에게 소홀한 듯싶으면 괘씸하다고 성을 내고, 침울해한다. 자신이 얼마나 비참한지를 호소하는 사람들이 그 전형적인 예이며, 이것이 바로 **'남이 자신을 알아주지 않음을 걱정'하는 심리 상태**다.

　그런데 소통을 잘하는가의 문제는 자신만이 아니라, 상대의 대화 능력과도 밀접한 관련이 있다. 인간관계에서 상처를 입는 것은 자신에게 문제가 있어서일 수도 있지만, 상대에게 문제가 있는 경우도 적지 않기 때문이다. 소통 능력이 없는 사람을 대할 때는 우선 상대에게 소통 능력이 없다는 사실을 인식해야 한다. 그것이 반대로 자신의 소통 능력을 보여 준다.

물론 소통 능력이 없는 사람에도 여러 종류가 있다. 상대가 이해받고자 노력했을 때 이해해 주는 사람이 있는가 하면, 그렇지 못한 사람도 있다. 때문에 사람을 대할 때 '이 사람은 자신의 본질적인 부분을 파악하지 못하고 있구나'라거나 '이 사람은 실제 자신을 인정하지 않는구나' 하는 등을 알 수 있다면 일일이 상처받지 않고 상대에 맞게 대처할 수 있다. 그리고 그것이 사회에서 적절히 살아가는 방법이다.

자신과 타인 사이에 '마음의 통로'를 만드는 것은 귀중한 자기실현self-actualization* 이다. 그러나 자기실현이란 봄날 꽃밭에서 꽃을 꺾는 것처럼 쉬운 일이 아니다. 그것은 마치 엄동설한에 얼음을 깨는 일과 같다. 마음의 통로가 없을 때, 즉 무의식에 심각한 문제를 내포하고 있을 때는 자신은 물론 타인도 믿을 수 없다. 그리고 무엇보다 살아가는 일이 즐겁게 느껴지지 않는다.

하지만 무의식을 조금씩이라도 의식화함으로써 점차 소

심리학자들은 이 용어를 다양한 관점에서 사용했다. 특히 로저스(Carl Ransom Rogers)나 매슬로(Abraham H. Maslow)는 '타고난 자신의 잠재력을 온전히 발휘하는 것', '성장'의 의미로 사용했는데, 여기서도 이에 가까운 개념으로 쓴 것으로 보인다.

통 능력이 생겨난다. 자신에게 정직해지기 때문이다. 따라서 친구, 연인, 가족 등 온갖 인간관계가 잘 안 풀릴 때는 '내가 나의 어떤 부분을 모르고 있을까?' 자문해 보자. 그렇게 자기 마음속 깊은 곳을 정면으로 마주할 필요가 있다.

그렇지 않고서는 아무리 열심히 노력해도 점점 미로 속으로 빠져들 뿐이다. 앞서 예로 든 비극적인 사건들뿐만 아니라 일상에서 겪는 갈등도 마찬가지다. 일상 밖에서 비극적인 사건을 초래하는 갈등이든 일상에서 흔히 겪는 갈등이든 인간관계에서 빚어지는 갈등은 대부분 무의식의 영역이 안고 있는 문제에서 비롯된다. 마음의 통로가 좁은 사람, 즉 스스로를 모르는 사람이 결국 심각한 문제를 일으키는 주범이 된다.

때로는 흘려듣자

소통 능력을 갖추었다고는 해도, 자신의 무의식에 문제가 있다는 것을 인정하지 않는 상대와는 애당초 소통이 불가능하다. 다만, 맞은편이 상대의 무의식에 문제가 있다는 점을 알고 있으면 불통이 심각한 다툼으로 번지는 일은 피할 수 있다. 서로 충돌할 만큼 상대와 깊이 관계 맺지 않기 때문이다. 상대를 보며 '이 사람은 이상하다'는 생각이 들면, 상대가 무슨 말을 하더라도 흘려들어라. 정면으로 상대하지 않으면 된다. 말해도 통하지 않는 사람과 깊이 엮여서는 안 된다.

세상 모든 사람과 소통하기를 바라는 것은 욕심이다. 그러므로 상대에 따라서 때로는 흘려들어라. 이상한 사람을 정면으로 상대하는 것은 똑같이 이상한 사람들뿐이다. 그런 사람들은 서로 제멋대로의 생각으로 관계를 맺기 때문에 끝내 사회문제를 일으킬 수 있다. 자기 멋대로 생각하는 사람은 고독한 사람, 불안한 사람이다. 혼자 판단하고 착각하는 경향이 강한 사람은 다른 사람과 소통할 수 없다.

흘려듣기는 평온한 생활을 유지해 나가는 데 매우 중요한 기술이다. 그러나 아무리 '중요하다'고 강조해도 타인의 말을 흘려듣기란 쉽지 않다. 특정 상대의 말을 흘려들을 수 있는 사람은 내면의 성장에 성공한 사람, 정서적으로 성숙한 사람뿐이다. 다시 말해 쉽게 상처받지 않는 사람이며, 마음이 안온한 사람이다.

반대로 타인의 말에 일일이 상처받는 사람은 아무리 애를 써도 상대의 말을 흘려듣지 못한다. 예를 들어, 자아도취나 자기 멸시에 빠진 사람들이 그러하다. 이들은 언제나 남에게 칭찬받기를 원하지만, 일상생활에서 늘 칭찬만 받으며 사는 일은 있을 수 없다. 그렇기에 항상 마음속은 상처 입은 채로 불평과 불만이 그득하다. 이들 또한 남의 말을 흘려들을 수만 있다면 삶이 더 평온해질 것이다.

어떤 사람이 무슨 일만 있으면 바로 덤벼들고, 일일이 남의 말에 반발하는 것은 불안하기 때문이다. 이처럼 불안감이 큰 사람은 남이 하는 말을 쉬이 흘려듣지 못한다. 주변 사람의 말은 물론 텔레비전 출연자의 말에도 하나하나 신경을 곤두세운다. 가까운 사람의 말이든 먼 사람의 말이든 별것도 아닌 한마디에 신경증*적으로 반응해 스스로 자존심에 상처를 입고 화를 내며, 그 화를 주체하지 못해 금세 불쾌감을 느낀다.

이런 사람은 마음이 상처투성이라 늘 얼굴이 잔뜩 부어 있다. 그래서 여기서 불끈, 저기서 불끈하며 툭하면 성을 낸다. 무엇 하나 흘려듣지 못하고 싸움닭처럼 독을 뿜는다.

신경증이란 내적인 심리 갈등이 있거나 외부에서 오는 스트레스를 다루는 과정에서 무리가 생겨 심리적 긴장이나 증상이 일어나는 인격 변화를 말한다. 신경증 환자들은 일상생활에 지장을 초래할 만큼 불안정한 정서와 생활 태도를 보인다.

소통을 가로막는 무관심

마음에 화가 잔뜩 들어차 있는 사람이 남에게 무관심한 것
은 당연하다. 자신의 화를 처리하는 데 에너지를 빼앗겨 다
른 일에는 관심을 쏟을 수 없기 때문이다. 이처럼 **소통할 줄
모르는 사람의 가장 큰 문제는 타인에 대한 무관심이다.** 타인에게
무관심한 사람은 상대의 말을 흘려들을 줄 모르기 때문에
매번 놀랄 만큼 과잉 반응을 보인다. 타인에게 무관심한 반
면 자기 집착이 강하기에, 상대가 자신의 가치를 조금이라
도 부정하는 듯한 말을 하면 그 자리에서 바로 화를 낸다.

타인에 대한 과잉 의존, 무관심, 과잉 반응은 같은 심리
를 다른 관점에서 표현한 말이다. 욕구불만으로 똘똘 뭉친
사람을 생각해 보면 이를 분명히 알 수 있다. 그런 사람은
항상 뭔가에 화가 나 있다. 자신과 무관한 사람이 상관없는
말을 해도 화를 낸다. 그렇게 항상 화를 내는 것 때문에 가
까운 사람들이 힘들어해도 그것을 알지 못한다. 예를 들어
어떤 남성은 일면식도 없는 텔레비전 출연자의 발언에 사회
적 분노를 터뜨린다. 그런데 정작 자기 자녀의 고민은 알지
도 못한다.

이처럼 남이 하는 말을 흘려들을 수 없을 때는, 자신의

마음에 무언가 심각한 문제가 없는지 점검해 보아야 한다. 자신의 무의식에 문제가 있다면, 타인과의 소통은 불가능한 일이다.

관계의 거리감을 모르는 사람

어릴 적 바다에 놀러 갔다가 위험한 상황에 맞닥뜨린 경험이 있으면 바다가 싫어지고 다시는 바다에 가고 싶지 않다고 느낀다. 마찬가지로 **어릴 때 인간관계를 맺으면서 안 좋은 기억이 많았던 사람은 어른이 되고 나서도 타인과 관계를 맺는 데 어려움을 겪는다. 설사 상대와 관계를 맺었다 해도 그 관계에 동반되는 적절한 감정을 알지 못한다.** 심리적으로 건강한 사람은 상황과 상대에 걸맞은 자연스러운 감정을 느낄 수 있지만, 소통할 줄 모르는 사람은 그 자리에 어울리는 감정이 아니라 불쾌감을 느낀다. 어린 시절부터 인간관계에 어울리는 적절한 감정을 경험하지 못했기 때문이다.

예를 들어 어떤 사람은 누가 "너 왜 그래?"라고 물으면 필요 이상으로 강하게 불쾌감을 느낀다. 어린 시절 부모님이 "너 왜 그래?"라고 말할 때마다 백이면 백 혼이 난 경험이 있기 때문이다. 그런 사람은 인간관계에서 심리적 거리에 대한 경험 지식이 거의 없다. 부모님과의 사이에서 느꼈던 감정 외에는 체험하지 못한 것이다. 심리적인 거리가 3미터인 사람과 3센티미터인 사람이 하는 말의 차이를 알지 못한다. 그래서 심리적 거리가 달라져도 거리에 따른 적절한 감정이 생기지 않는다.

심리적으로 가까운 사람의 "왜 그래?"라는 말에는 상대에 대한 걱정과 배려의 의미가 담겨 있다. 따라서 심리적으로 건강한 사람은 '기쁘게도 이 사람이 나를 걱정해 주는구나' 하고 이를 기분 좋게 받아들인다. 하지만 인간관계의 거리감을 모르는 사람은 상대가 자신을 의심한다고 오해하고 이를 불쾌하게 여긴다.

선의의 말에 화를 내는 이유

자기 자신과 상대를 모두 모르는 사람은 지금 나누고 있는 대화도, 감정도 새로운 것으로 받아들이지 않는다. 현재의 체험이 과거의 재현에 불과하다는 말이다. 그런 사람에게 있어 현재의 하루는 마치 과거의 영상을 다시 보고 있는 것과 같다. 사회적으로는 살아 있지만 심리적으로는 죽은 상태나 다름없다.

예를 들어 감정이 불안정한 부모 밑에서 어린 시절을 보낸 사람을 생각해 보자. 아이일 때 그는 부모가 언제 화를 낼지 알 수 없기 때문에, 항상 물주전자를 가스레인지 불 위에 올려놓고 주전자의 물이 언제 끓어 넘칠지 몰라 안절부절못하는 상태와 다름없었을 것이다. 그런 상황에서는 누구나 내내 눈치를 보게 되고 벌벌 떨 수밖에 없다. 사람의 인간관계는 모두 부모와의 관계를 모델로 해석된다. 따라서 이런 부모 밑에서 자란 사람은 남을 만날 때 늘 불안해하고 긴장한다. 사람을 만나도 소통은커녕 어깨에 힘이 잔뜩 들어가 있어 피곤해지기 일쑤다. 상황에 어울리는 감정이 생기지 않는다.

부모의 감정이 불안정하면 자녀는 타인을 접할 때 공포감을 느낀다. 이는 자녀가 어른이 되어서도 마찬가지다. 가까운 사람이 화를 내더라도 친밀한 관계이기 때문에 하는 말이지 화낼 만한 일이 못 된다는 것, 분노는 그 상황에 어울리는 감정이 아니라는 것을 알지 못한다. 진정한 친밀함을 체험하지 못했기 때문이다. 그래서 심리적으로 1밀리미터 거리에 있는 사람이 1밀리미터 거리의 말을 하면, 그것을 기쁘게 받아들여야 함에도 불구하고 오히려 실례로 느끼고 열을 낸다.

사람은 성장 과정에서 여러 가지 감정을 맛보아야만 각 상황에 어울리는 감정을 느낄 수 있다. 예를 들어 상대가 "세 시쯤에 뭐하고 있었어?"라고 물을 때, 어린 시절부터 감시당하며 자란 사람은 그 말을 불쾌하게 받아들인다. 꼬치꼬치 자신의 뒤를 캐어묻는 것으로 느끼기 때문이다.

그런데 희한하게도 그런 심리의 맞은편에는 어리광을 부리려는 마음이 있다. 이를테면 이런 상황이다. 인간관계의 거리감을 모르는 사람이 살이 쪘다. 그는 친구가 "노력하면 금방 빠져"라고 한 말에 괴로워한다. 심리적으로 1밀리미터 거리에 있는 가까운 사람의 말로 받아들이지 못하기 때문이다. 이는 어릴 때부터 격려를 받은 경험이 없었던 데서 비롯된 결과다. 그렇다면 그는 사람들에게서 어떤 말을 들어야 마음 편하게 느낄까? 바로 "살 안 쪘는걸 뭐"라든지 "딴사람은 더 심해"라는 말을 들으면 안심한다. 하지만 그런 말은 정말로 친한 사람이 하는 말이 아니다. 관계의 거리가 먼 사람이 상대의 기분을 상하지 않게 하려고 둘러댄 단순한 빈말에 불과하다.

심리적 거리에 따라 말의 의미가 달라진다

그런 대화는 진정한 대화가 아니다. 자신이 "나 가난해"라고 말하는 것은 괜찮아도 다른 사람에게서 "넌 가난해"라는 말을 듣기 싫어한다면 진실한 대화를 나눌 수 없다. 보통 사람들은 심리적 거리가 1센티미터인 사람에게서 "넌 가난해"라는 말을 들어도 기분 나빠하지 않는다. 오히려 그 주제를 바탕으로 대화가 더 활기를 띤다. 그런데 어리광을 부리려는 사람들은 자신이 "나는 가난해"라고 했을 때 상대가 "안 그래요. 부자잖아요. 겸손하시다"라고 대꾸해 주길 바란다. 그러나 그런 말은 상대의 진심이 아니다. 듣기 좋은 말들만 오가는 것은 심리적 거리가 1미터는 족히 되는 사람과의 대화다.

상대와의 심리적 거리를 측정할 줄 모르는 사람은 결코 소통을 잘할 수 없다. 똑같은 "차 한잔 마시자"라는 말을 들어도 **심리적 거리가 3미터인 사람과 3센티미터인 사람이 하는 말은 그 의미가 다르다.** 그런데 우울증의 기미가 있는 사람, 의사소통을 못 하는 사람은 그 두 사람이 하는 말을 같은 의미로 받아들인다. 심리적 거리가 3미터인 사람을 대할 때와 3센티미터인 사람을 대할 때 서로 다른 감정을 느끼게 된다는 점을 이해하지 못한다. 심리적 거리에 대한 감각이 없는 것이다. 어릴 때부터 타인이면 누구나 똑같은 타인이지, 다양한 타인이 없었기 때문이다.

상대에 따라 심리적 거리는 다르다

상대가 "밥 먹읍시다"라고 말했을 때, 고급 음식점을 예상하고 따라갔더니 분식집인 경우가 있다. 서로 전제가 달랐던 것이다. 그런데 같은 "밥 먹읍시다"라는 말이라도 그 말을 한 사람과의 심리적 거리가 얼마나 되느냐에 따라 그 의미는 달라진다. 심리적 거리가 3미터인 사람이 밥을 먹자며 분식집에 데려가는 것은 상대에게 실례일 수 있다. 그러나 심리적 거리가 3센티미터인 사람의 경우는 격식을 차리지 않는 관계이기 때문에 상대를 분식집에 데려가더라도 실례가 되지 않는다.

소통에 관한 책을 읽어 보면 '자기 노출self-disclosure*'이라

타인에게 자신에 관한 정보를 전달하는 행위. 아무런 의도 없이 성실하게 자신을 공개하는 것.

는 말을 자주 볼 수 있다. 자신의 마음을 열어야만 비로소 상대와 의사소통할 수 있다는 의미에서 사용된다. 대개 그런 책들은 용어 소개 뒤에 수줍음을 많이 타는 사람은 자기 노출을 매우 어려워한다는 설명을 덧붙인다. 그런데 이 말뜻을 누구에게나 자신의 마음속 밑바닥까지 다 열어 보이는 것이 좋다는 것으로 잘못 받아들이는 사람이 있다. 그것을 '있는 그대로 자신의 모습을 드러내는 길'이라 착각하는 것이다.

내가 상담했던 사례 중에 이러한 고민을 토로하는 편지가 온 적이 있다. "저는 남 앞에서 있는 그대로의 제 모습을 보이기가 무척 힘들어요. 제 마음을 열어 보일 수 없어요. 하다못해 미용실에서도 있는 그대로의 제 모습을 드러내 보일 수 없어요." 이런 내용의 편지였다.

그런데 과연 미용실의 미용사에게까지 자신을 있는 그대로 노출할 필요가 있을까? 오히려 그런 행동은 상대에게 실례가 될 수 있다. 미용사와 손님 사이에는 그 관계에 어울리는 적당한 거리가 있다. 그 적당한 심리적 거리만큼만 자신을 드러내면 되는 것이다.

따라서 **상대와 자신 사이의 심리적 거리에 걸맞게 말씨와 태도도 달라져야 한다.** 자기 마음속 갈등이나 불안을 그대로 드러내는 행동은 친한 사람에게만 하는 편이 적절하다. 자기 노출이 의사소통에서 제아무리 중요하다 해도, 노출의 정도는 상대방과의 심리적 거리에 알맞아야 한다. 투덜대는 행동에도 그것이 너그럽게 받아들여질 수 있는 적절한 심리적 거리가 있다. 무조건 아무에게나 투덜댈 수 있는 것이 아니다.

상대의 입장이 되어 생각하라

달콤한 음식을 먹어 본 적이 없는 사람은 '달콤하다'는 단어는 알아도 '달콤한' 맛은 모른다. 물리적으로 가까운 사람, 이를테면 부모와 심리적 거리가 먼 채로 성장해 성인이 되었다면, 가까운 사람과의 사이에서 자연스레 생겨나는 감정을 느끼기 어려울 것이다. 그러나 그것은 그 사람의 잘못이 아니다. 사람의 정신, 심리는 성장 환경에 매우 큰 영향을 받는다. 따라서 현재 자신의 무의식에 여러 가지 문제가 있다고 해서 그런 일로 스스로를 책망해서는 안 된다. 앞으로 꾸준히 자기실현을 해 나가면 언젠가 타인과의 관계에 걸맞은 자연스러운 감정을 느낄 수 있을 것이며, 그 과정에서 타인과 통하는 마음의 통로가 생겨나고 점점 커질 것이다.

매 순간의 자기실현은 소통 능력을 갖추기 위한 대전제다. 자기실현을 하겠다는 마음가짐 없이는 소통을 잘할 수 없으며, 일말의 노력마저 헛수고로 끝날 것이다. 그 노력이 자신과 상대의 이해라는 바탕 위에서 이루어진 것이 아니며, 자신을 솔직하게 드러내 보이려는 의지 또한 전제되지 않았기 때문이다.

타인과 자유롭게 의사소통하며 평범한 대화를 나누고 싶다면, 먼저 상대와 자신의 심리적 거리를 이해해야 한다. 이 말은 곧 상대의 입장에서 현재 자신이 어느 위치에 있는지를 생각해야 한다는 것이다.

"그대들은 타인의 눈으로 자기 자신을 보는 수련을 쌓아야 한다."(W. 베란 울프, 《어떻게 행복해질 수 있을까》)

친밀함에도 여러 종류가 있다

소통을 잘하려면 상대의 입장에서 자신이 지금 어느 위치에 있는지를 파악할 수 있어야 한다. 자기 자신과 상대의 위치 관계를 이해한다면, 먼 사이든 가까운 사이든 마음의 통로가 열린 관계를 맺을 수 있다.

지금 우리는 상상도 할 수 없을 정도로 많은 관계에 둘러싸여 있다. 우연히 들어선 가게에서 점원과 형성하는 관계나, 어린 시절 소꿉친구와 맺는 관계, 먼 친척 할아버지와의 관계 등 그 나름의 위치에서 저마다 적절한 관계를 맺고 있다.

물론 그중에는 기분 좋게 맺어진 관계도 있고, 그리 유쾌하지 않은 관계도 있다. 어쩌다 들어선 가게에서 점원이 친절하면 덕분에 기분이 좋아진다. 외국에서 길을 가다가 만난 낯선 사람이 상냥하게 길을 가르쳐 준 일도 즐거운 추억으로 남는다. 반대로 강도나 무뢰한처럼 잠시 스쳐 지났을 뿐인데 불쾌한 기억으로 남는 사람도 있다.

사람은 매 순간 각 장소에서 새로운 관계를 맺는다. 또한 그 각각의 관계에는 적절한 거리와 친밀함이 있다. 모든 사람과 똑같이 가까운 관계를 맺을 필요는 없다. '친밀하면 좋다'고 하지만, 처음 만난 사람에게 어깨를 치며 반갑다고 말할 수는 없다. 때에 걸맞지 않는 표현은 외려 상대의 기분을 상하게 한다.

즉 친밀함에도 여러 종류가 있고, 각각의 종류마다 다양한 색깔이 있다. 빨간 친밀함이 있는가 하면, 파란 친밀함도 있다. 짙은 녹색의 친밀함도 있을 것이고, 옅은 핑크빛 친밀함도 있다. 보라색 친밀함에는 보라색 자기 노출이 있을 것이다.

따라서 우는소리를 해도 좋은 만한 관계일 때 우는소리를 해야 한다. 그것이 적절한 자기 노출이다. 소통에는 어느 정도 자기 노출이 필요하지만, 처음 만난 사람에게 우는소리를 하는 것은 바람직한 자기 노출이 아니다. 만난 지 얼마 되지 않은 사람에게 '죽고 싶어'라는 식으로 푸념을 털어놓는 것은 타인과의 마음의 통로를 넓히기는 고사하고 상대에 부담을 줄 뿐이다.

인간관계에서 상처받지 않기 위해서는

타인을 제대로 바라보는 일이 중요하다.

따라서 자신을 소중히 하기 위해서라도

우선 주위 사람들이 어떤 사람인가를 알고

소통을 시도해야 한다.

3장

마음의 통로를
넓히는 법

상대를 바라보라

소통을 잘하기 위한 선행조건을 꼽으라면 **첫째, 먼저 자신을 알아야 한다. 둘째, 상대를 바라보아야 한다. 셋째, 자기 자신과 상대의 거리감을 알아야 한다.**

그런데 상대를 만나도 전혀 쳐다보지 않는 사람이 있다. 제대로 알아보지도 않고 무작정 가까워지려는 것이다. '이 사람은 어떤 사람일까?' 생각해 보며 자상한 사람인지 간사한 사람인지 파악하지도 않은 채 무조건 좋은 사람이 되려는 것은 소통이 아니다. 그런 사람은 상대가 번지르르한 말을 늘어놓으면 그것에 혹해 실제로는 행동이 따르지 않는 불성실한 사람일 수 있음을 간파하지 못한다.

세상에는 온갖 고민을 끌어안고 사는 사람이 있고, 난리통에도 여유만만인 사람이 있다. 툭하면 불퉁거리는 사람이 있는가 하면, 매사에 만족하며 사는 사람도 있다. 미소 짓는 사람을 보고 좋아하는 사람도 있지만, 비웃는다고 오해하는 사람도 있다. 소통의 시작 단계에서는 상대를 척 봐서 어떤 사람인지 알기 어렵다. 점진적으로 소통의 단계를 거쳐야만 비로소 상대의 진면모를 알 수 있다.

사람은 누구나 자신만의 독특한 사고방식으로 살아간

다. 심사가 배배 꼬인 사람이 있으면 솔직한 사람도 있는 것처럼, 같은 말을 해도 상대에 따라 받아들이는 감정이 다르기에 전하려는 의도가 곡해될 수 있다. 주위를 한번 둘러보라. 세상은 다양한 인간 군상들로 가득하다. 내 말을 무시하는 사람과 존중하는 사람. 단단하게 중심을 잡고 살아가는 사람과 주체성을 상실한 듯 주위에 휘둘리며 사는 사람. 남의 이야기에 쉽게 현혹되는 사람과 고집스레 꿈쩍도 안 하는 사람. 주위의 영향을 많이 받아 내 편이 되었다가도 상황이 바뀌면 금세 반대편으로 돌아서는 사람도 있다. 사회적으로 성공했어도 남을 착취하는 사람이 있는가 하면, 사회적으로 성공하지 않았어도 베푸는 기쁨을 느끼며 살아가는 사람도 있다.

이렇게 다양한 사람들을 다 같은 상대로 보고 똑같은 방식으로 대할 수는 없다. 소통의 첫걸음은 상대를 제대로 보는 것이다. 상대를 파악하지 않고 무조건 일관된 방식으로 소통을 시도해서는 좋은 결과가 나올 수 없다.

심리학적으로 보면, 정서적으로 성숙한 사람이 있는가 하면 제멋대로에 자기중심적이고 유아적 소망*에서 벗어나지 못한 사람이 있다. 이념적으로 보면, 현실 중심적인 사람이 있는가 하면 이상 중심적인 사람이 있다. 물론 현실에서는 칼로 무 자르듯 사람들을 두 부류로 명확하게 나눌 수 없다. 하지만 경우에 따라서는 **먼저 상대를 파악하고 관계를 맺어도 될 사람과 그래서는 안 될 사람을 판단해야 한다. 사람은 모두 다르다는 점을 이해하지 못한 채 무조건 상대와 소통하려는 사람은 마음의 통로가 좁다.** 그 통로를 넓혀야만 마음이 통하는 진심 어린 관계를 기대할 수 있다.

상대에 따라 다르게 접근하라

인간관계에서 상처받지 않기 위해서는 타인과의 바람직한 소통이 중요하다. 따라서 자신을 소중히 하기 위해서라도 우선 주위의 사람들이 어떤 사람인가를 알고 소통을 시도해야 한다. 업무상 이해관계만 맺는 것이 좋은 사람인지, 친구로 우정을 나눠도 좋을 사람인지, 무언가를 부탁하거나 기대해도 좋을지 아닐지 등등 타인을 대하는 방식은 그 상

심리학적으로 성숙은 엄마로부터의 독립을 의미하기도 한다. 그런데 어린 시절 엄마에게서 절대적 애정을 받지 못한 아이는 어른이 되어서도 절대적인 주목, 보호, 수용 등 완벽한 애정을 원한다. 이것을 '유아적 소망'이라고 한다.

대에 따라 다양하게 바뀌어야 한다.

말투는 친절한데 남의 감정을 헤아리지 못하는 사람이 있다. 재주는 뛰어난데 오로지 자기 자신에게만 관심이 있는 사람도 있다. 또한 힘은 없지만 자상하게 배려할 줄 아는 사람도 있다. 그런데 그렇게 각기 다른 사람들을 항상 같은 방식으로 대하며, 상대가 모두 비슷한 사람이길 기대하기 때문에 상대가 그 기대에 못 미치면 결국 화가 치밀고 조바심을 내게 된다.

마치 따뜻한 하와이에 가서 스키를 타고 싶다고 억지를 부리는 상황이다. 하와이에서는 수영을 하면 되는데 말이다. 눈앞에 있는 상대는 각기 다른 사람이다. 따라서 각기 다른 방식으로 대하면 의외로 쉽게 마음이 통할 수 있다.

어딘가 흐름이 부자연스럽고 이상한 사람을 구분해 내는 일도 중요하다. 이상하다는 느낌이 드는 사람은 어딘가 균형이 깨져 있다. 예컨대 호화로운 주택에 사람들이 모여서 학생들의 동아리 합숙소에서나 쓸 법한 간이침대를 놓고 생활한다면, 균형이 깨져도 한참 깨진 것이다. 이것은 실제로 과거 집단 자살로 세상을 떠들썩하게 한 미국의 컬트 집단 헤븐즈 게이트*의 사례이기도 하다.

에너지와 소통

우리는 종종 누군가에게 '힘을 얻는다', '에너지를 받는다'는 표현을 쓴다. 그렇다면 과연 어떤 사람으로부터 힘을 받게 되는 것일까? 밝은 사람, 다르게 표현하면 상대에게 마음을 열고 있는 사람이다. 그런 사람과 대화하고 있으면 활기가 생기고, 때로는 보고만 있어도 기분이 좋아진다. 상대에 마음이 열려 있기에 그 사람을 대하는 상대의 마음도 열리는 것이다.

반대로 함께 있으면 기운이 빠지는 경우도 있다. 만사에 재미를 못 느끼고 불평불만으로 가득한 사람을 만나면, 보기만 해도 기운이 빠지고 쾌활한 사람도 오히려 활기를 잃을 것만 같다. 그 사람에게서 닫힌 느낌을 받기 때문이다. 뭔가 닫힌 듯한 느낌은 거부당하는 느낌과도 상통한다.

그러므로 **자신에게 활기가 없을 때는 특히 사람을 잘 골라서 만나야 한다.** 인간관계가 잘 안 풀리는 사람, 항상 남과 대립

미국 캘리포니아에 거점을 두고, 인류가 새로운 단계로 진화를 앞두고 있다고 주장한 UFO 종교 단체. 1997년 헤일-밥 혜성이 출현했을 당시 '다음 단계로 진화'한다는 명분으로 집단 자살을 한 것으로 유명하다.

하는 사람과는 가까이하지 않는 편이 좋다. 마음이 닫힌 사람은 무의식의 영역에 미움이나 적대감을 품고 있는 경우가 많기 때문이다.

그런데 그런 사람을 가까이하지 않으려 해도, 현실적으로 만나지 않을 수 없는 경우가 있다. 보기 싫어도 볼 수밖에 없는 관계, 친척, 이웃 혹은 회사 동료가 그럴 것이다. 안 볼 도리가 없다. 그래서 '마음으로 단절'하는 일이 필요하다. 자신에게 활기가 없다면, 마음의 세계에서 활기를 빼앗아 가는 상대를 잘라 내고 추방할 줄도 알아야 한다.

이는 꼭 만나는 사람에게만 국한되는 이야기가 아니다. 상황에 대해서도 마찬가지다. 괴롭고 힘들 때 지친 마음을 치유해 주는 효과가 있는 그림을 골라서 보듯이 눈앞에 마주한 상황에 대해서도 선택적으로 반응할 필요가 있다.

'친밀함'과 '예의 없음'

"어서 먹어"와 같이 간단한 말도 해도 될 때와 해서는 안 될 때를 살펴야 한다. 소통이라는 큰 틀에서 보면 더욱 그렇다. 이 정도 친밀한 사이면 말해도 되겠다 싶을 때가 있고, 이 정도 사이의 사람에게는 말하지 않는 편이 낫겠다 싶을 때가 있다. 소통은 곧 관계이며, 관계의 첫걸음은 상대를 보는 것이다. 단순히 어떤 말을 해도 될지 말지를 고민하는 것이 아니라 상대와의 관계를 살펴야 하는 것이다.

소통에 실패하는 사람은 상대와의 관계에서 피해야 할 말이 무엇인지 모른다. 흔히 '쓰면 안 되는 말'이라는 것이 있다. 대화에서 우리는 어떤 말이든 해도 되지만, 동시에 어떤 말도 함부로 해서는 안 된다. 그 말을 해도 되는지 안 되는지는 어떤 관계인가에 따라 결정된다.

심리적으로 가까운 관계에서 농담으로 "너 참 못생겼다"고 말하는 것은 잘못이 아니지만 심리적으로 가깝지 않은 관계에서 상대에게 "못생겼다"고 말하는 것은 큰 실례다. 따라서 자신과 상대의 관계를 모르면 소통이 불가능하다. 상대와의 거리감을 알지 못하면, 그 관계에서 해서는 안 되는 말을 생각 없이 하게 될 수 있다.

그렇기에 인간관계에서 중요한 것은 자신의 위치를 아는 것이다. 그것을 앎으로써 상대와의 거리감, 위치 관계에 따른 예의를 차릴 수 있고 사회생활도 문제없이 흘러가게 된다. 심리적 거리가 먼 사람에게는 먼 사람에게 적합한 예의가 있고, 가까운 사람에게는 가까운 사람에게 적합한 예의가 있다. 선배를 만나면 동료를 대할 때와 다른 예의를 갖춰야 하는 것과 같은 이치다. 이를 모르면, 아무리 선의로 행동해도 상대에게 불쾌하고 뻔뻔한 인간으로 비칠 수 있다.

무조건 '친밀하면 좋다'고 생각해서는 안 된다. 관계의 거리를 고려한 적절한 수준의 친밀감이 좋은 것이다. 서로 간의 거리는 생각지 않고 함부로 다가서면 '예의 없는 사람'이라는 말을 듣게 될 뿐이다. 그러면 상대를 위해 한 일이 공연한 참견이 되고, 호의는 민폐로 받아들여진다. '친밀한 사람'과 '예의 없는 사람'은 소통하는 방식이 다르다. 상대에 따라 달리 갖추는 적절한 예의가 분별력의 차이를 만든다.

상대가 안중에 없는 사람

소통에서 상대가 어떤 사람인지 살피는 것만큼 중요한 것이 있다. 바로 상대가 나를 어떻게 보는가 하는 점이다. 이 두 가지는 서로 깊이 관련된다.

상대를 만날 때 상대가 나를 존중하는가 무시하는가, 나를 겁내는가 얕보는가, 이용하려고 드는가 친해지려고 하는가, 그저 입에 발린 말로 나를 주무르려고 하는가 아니면 정말로 칭찬하는 것인가 등을 따져 보지 않는 사람들이 종종 있다. 자기 집착이나 자기방어가 강한 사람, 유아적 소망이 충족되지 않은 사람, 애정 결핍, 자기 비하, 열등감, 부끄러움이나 대인공포증이 심한 사람들이 그러하다. 이런 사람들은 상대를 제대로 보려 하지 않는다. 그저 자신을 칭찬한 사람을 좋은 사람이라고 판단한다. 쉽게 말해 남을 판단하는 기준이 '나를 칭찬해 준다—나를 비난한다'밖에 없다. 이처럼 마음속에 갈등이 가득한 사람의 눈에는 상대가 보이지 않는다. 상대를 볼 마음의 여유가 없기 때문이다. 따라서 상대의 감정을 헤아릴 수 없다.

임상심리학의 세계적인 권위자 데이비드 시버리David Seabury는 "(상대에게) 끝없이 주의를 기울이라"고 강조했다. 그런데 상대가 안중에 없는 사람은 '자신이 상대의 마음에 드는지 안 드는지'에만 주의를 기울인다. 자신의 유능함이나 뛰어난 외모를 강조하는 데 온 신경을 쏟으면서 상대가 알아주기만을 바란다. 따라서 서로 마음을 나누지 못하는 건 당연지사다. 자신을 돋보이게 하는 데 필사적으로 매달리느라 상대를 볼 여유가 없기 때문이다. 이런 사람의 심리는 오로지 사랑받고 싶다는 욕구로 가득 차 있다. 이는 타인을 사랑할 능력이 없다는 말과도 상통한다. 이런 사람은 자신은 상대의 '마음의 방'에 들어서지도 않은 채, 상대가 다가와 주기만을 바란다.

관심받고 싶은 사람과 완벽주의자

자신의 슬픔을 과장하는 사람도 상대를 보지 않는다. 오로지 다른 사람이 자신에게 관심을 갖고 동정해 주길 원하므로, 그 사람의 주의는 '상대가 자신을 불쌍하게 여기는지'에 쏠려 있다. 애정 결핍이 심한 사람이 여기에 해당한다. 애정이 결핍된 사람은 행복의 길과는 다른 방향을 향해 간다. 컨디션이 좋은데도 '몸이 안 좋다, 힘들다'며 동정을 끌 만한 이야기를 한다.

　이를테면 이런 상황이다. "오늘 얼굴 좋네." "그래? 그런가?" 보통은 사실 몸이 안 좋은 상태라 하더라도 별다를 것 없이 대답한다. 또는 "오늘 얼굴 좋네." "그래? 근데 실은 몸이 썩 좋진 않아." 이 정도가 보통이다. 하지만 관심받길 원하는 사람은 실제보다 더 고통을 과장한다. "오늘 얼굴 좋네." "무슨 소리야. 여기저기 안 아픈 데 없이 당장 죽을 것 같은데."

또 한편으로는 가까운 사람에게조차 자신의 있는 그대로의 모습을 감추고 '완벽하고 이상적인 모습'을 연출하려는 사람도 있다. 그러다 보면 긴장을 풀 수 없어 누구와 있더라도 쉬이 지치고 마음 둘 곳이 없다. 이런 사람은 완벽해져야만 주위 사람들이 자신을 받아 줄 것이라고 생각한다. 사람들을 신뢰하지 못하는 것이다.

하지만 자신의 약점까지 받아 줄 것이라는 믿음이 있어야만 비로소 타인과 소통할 수 있고 자기실현도 이룰 수 있다. 진짜 자신을 드러낼 줄 아는 사람은 타인과 함께라는 사실에 피로를 느끼지 않는다. 정말 가까운 사람은 내가 약점을 드러내더라도 나를 수용해 주기 때문이다. 마음을 나누는 밀접한 관계란 바로 그런 것이다. 물론 관계의 거리가 먼 사람에게는 마음 놓고 약점을 드러내지 않는 것이 거리감을 아는 사람의 소통법이다. 이는 상대와의 관계를 지키는 적절한 예의이기도 하다.

고민의 시작점

심리 치료를 위한 상담 외에도 라디오 인생 상담을 25년 넘게 해 오면서 고민거리를 장황하게 써 보낸 편지를 읽다 보면, '한 번도 만난 적 없는 사람에게 털어놓을 이야기는 아닌데'라는 생각이 들 때가 종종 있다.

낯선 이에게 온갖 이야기를 다 털어놓는 것은 자신의 고민이 어디에서 시작되었는지를 모르기 때문이다. 단언컨대, 이 경우 고민의 시작점은 자신이 인간관계의 거리감을 모른다는 데 있다. 그렇기 때문에 자신이 왜 편지를 쓰는지는 잊어버리고 한 번도 만난 적 없는 사람에게 길게 푸념을 늘어놓는 것이다. 이런 사람은 단지 그 편지를 받은 상담자와의 관계뿐만 아니라 다른 인간관계에서도 거리감을 파악하는 데 실패하고 있을 가능성이 크다. 자기 자신과 상대가 각각 어떤 사람이며 서로 어떤 관계인지를 알지 못하기 때문에 고민의 기준이며 좌표축이 없다. 한마디로 자신과 상대와의 경계가 불명확한 탓에 횡설수설하게 되는 것이다. 그 고민을 해결하기 위해서는 사고의 원점을 '인간관계의 거리'라는 근원적인 문제로 되돌리지 않으면 안 된다.

늘 불평불만을 토해 내는 사람을 보면, 마치 역마다 정차하는 완행열차를 타고 시간이 오래 걸린다고 푸념하는 사람을 보는 듯하다. 신칸센을 타면 도쿄에서 오사카까지 단숨에 갈 수 있음에도, 자신이 완행열차를 선택했다는 사실은 잊어버리고 푸념만 늘어놓는 것이다. 따라서 **소통 문제로 고민하고 있다면, 자신이 지금 하는 행위가 무엇을 위한 것인지 돌이켜 보기를 권한다. 고민의 시작점으로 돌아가면 해결책이 보일 것이다.**

소통에 관한 고민은 불만을 털어놓는 것이 아니라 해결책을 찾는 노력이어야 한다. 해결책을 찾으려는 노력 없이 편지를 쓰거나, 이야기를 털어놓는 것은 단지 실속 없는 푸념에 지나지 않을 뿐이다.

운명을 받아들여라

사랑받지 못한 사람, 유아기 때부터 있는 그대로의 자신을 받아들여 주지 않는 환경에서 자란 사람, 노력을 인정받지 못한 사람, 사랑해 주지는 않으면서 기대와 요구만 일삼는 환경에서 살아온 사람, 자신의 상처는 위로받지 못했는데 정작 자신은 남의 위안이 되어야 했던 사람……. 요컨대 마음의 세계에서 외톨이로 살아온 사람들은 종종 고민 상담을 위해 그리 친하지도 않은 사람에게 속을 털어놓는다.

'인간관계의 거리감'을 생각하지 못한 이 방식은 좋은 소통으로 이어지기 어렵다. 하지만 결과가 나쁘다고 해서 자신을 책망할 필요는 없다. 이는 소통하는 법을 배울 수 없는 환경에서 성장했기 때문이지 결코 개인의 잘못이 아니다. 누구나 갓난아기 때는 수동적으로 소통을 익힌다. 아이는 다른 존재에게 어떻게 말을 거는지 모르는 법이다. 부모가 자꾸 말을 걸어 줌으로써 차츰 말하는 법을 익히게 된다.

이처럼 부모가 아이에게 말을 거는 것은 본능적인 행위다. 그런데 최근 자녀에게 어떻게 말을 걸어야 할지, 어떻게 소통해야 할지 모르겠다며 하소연하는 부모들이 늘고 있다. 부모와 자녀 사이인데도 대화를 위해 노력해야 하는 것이다.

부모와 자녀 사이에는 굳이 말로 표현하지 않아도 통하는 것이 있다. 아이는 부모 품에 안겨 있거나 매달려 있으면서도 부모에게 이미 뭔가를 전하고 있다. 그런데 이 과정에서 부모가 아이의 의사를 제대로 받아들이지 못하면, 그 아이는 커서도 소통에 실패하는 어른이 되고 만다. 부모에게 마음의 갈등이 있으면 아이는 자신의 감정과 의지를 전달하는 학습을 할 수 없다. 그 결과 상대와 자연스럽게 소통하는 법을 알 수 없게 된다. 마음에 갈등을 품은 상대에게는 진심을 말할 수 없다. 자신의 이야기를 듣고 상대가 상처를 입거나 화를 낼까 봐 입을 다물게 된다. 부모에게서 수동적으로 소통을 익혀야 하는 어린 자녀라면 더욱 그렇다.

하지만 부모의 마음에 갈등이 있고 없고는 아이가 어떻게 할 수 없는 운명이다. 그런 운명적 환경으로 인해 지금 소통의 문제를 겪고 있는 사람이 있다면, 자신을 책망하지 않기를 바란다. 운명은 운명으로 받아들이고 앞으로 어떻게 소통 능력을 키워 나갈지를 생각하는 것이 중요하다.

피책망상의 세계

대인기피증이 있는 사람들은 남들이 자신의 진짜 모습을 꿰뚫어 볼까 봐 항상 걱정한다. 그래서 약점이 들통 날까 봐 두려워하고 언제나 체면에 신경을 쓴다. 부끄럼을 많이 타는 사람들도 마찬가지다. 그들은 남 앞에서 완벽한 모습을 보이고 싶은 마음에 그렇지 못한 자신을 부끄러워한다. 완벽하지 않으면 남들이 싫어하리라고 생각한다.

하지만 사실은 절대 그렇지 않다. 그런 오해는 상대를 보지 않기 때문에 생긴다. 그들은 자신은 남들에게 적대감을 보이지 않는데, 주위 사람들이 자신에게 적대감을 갖고 있다고 생각한다. 그러나 실제로 타인에게 적대감을 갖고 있는 것은 자기 자신이다. 그야말로 완벽한 오해 속에 사는 셈이다. 나는 이를 '피책망상被責妄想'이라고 표현한다. **아무도 자신을 탓하지 않는데 사람들이 자신을 탓한다고 생각하는 심리다.**

부끄럼쟁이는 사회적으로 수많은 공포를 느낀다. 주위 사람들이 자신의 약점을 들출까 봐 두려워한다. 그런데 과연 그들이 그렇게까지 두려워할 필요가 있을까? 완벽하다고 인정받지 못하면 무슨 큰일이라도 나는가? 인정받지 못하는 것을 그토록 두려워하는 이유는 무엇일까? 이들이 느끼는 두려움의 정체는 바로 자신에 대한 평가다. 이들은 남들이 자신을 불완전하게 보고, 우습게 볼까 봐 우려한다. 상대가 나의 모든 행위에 점수를 매기는 것 같고, 내가 창피해하면 그런 나를 두고 또 어떤 점수를 매길지 걱정한다. 그래서 누굴 만나더라도 항상 무언가를 감추게 된다. 자신의 모든 것이 드러나 거절당할까 봐 두려운 것이다.

이들이 이처럼 두려움을 느끼는 이유는 단순히 구강기욕구*가 강해서일 수도 있지만, 어릴 때부터 무언가를 잘하지 못한다고 주위 사람에게 책망과 무시를 받아서일 수도 있다. 그런 경우에는 어른이 되어서도 남에게 자신의 부족한 면을 보이지 않으려고 긴장하게 된다. 이처럼 불안과 긴장감이 생기면 심리적으로 위축되어 상대를 제대로 볼 수 없다. 상대가 어떤 사람인지 생각하기는커녕, 마음의 여유가 없기 때문에 상대의 가치관, 사회적 지위, 성격, 나이, 성별도 눈에 들어오지 않는다. 그저 자신의 약점을 감춰야 한다는 생각에 잔뜩 긴장할 뿐이다.

소통에는 낭비도 따르는 법

상대를 바라볼 마음의 여유가 없는 사람은 대체로 소통 과정에서 발생하는 낭비를 싫어한다. 그러나 소통에는 필연적으로 낭비가 따르기 마련이다. 인간관계를 두려워하고 긴장하는 사람은 안심하고 상대에게 귀 기울일 수 없다. 한시라도 빨리 그 자리에서 벗어나고 싶다고 생각하기 때문이다.

열등감이 심한 사람의 심리 상태가 그러하다. 늘 조금이라도 서둘러 남보다 위로 올라서야 한다고 생각하기에 불필

프로이트의 심리적 성격 발달 이론에 등장하는 oral need 개념. 출생 후 1.5세까지 애정과 만족감을 구강을 통해 얻고자 하는 욕구를 말한다. 흔히 외부의 적극적인 보살핌을 원하는 사람들이 구강기 욕구가 강하다고 한다.

요한 소통으로 낭비하고 있을 시간이 없다. 이들은 자신이 남보다 위에 있지 못하면 심한 무기력감을 느낀다. 하지만 낭비 하나 없이 소통을 이룰 수는 없다. 마찬가지로 무기력한 상태에서도 소통은 기대할 수 없다.

미국의 정신분석학자 H. 프뤼덴버그H. Freudenberg*는 무서우리만치 열정적으로 달려드는 사람, 무언가에 전력을 다하다가 번아웃(burn-out, 탈진)해 버리는 사람은 약점을 감추는 데 능하다고 말한다. 그런 사람과는 애당초 소통이 불가능하다. '나는 지금 이상으로 더 잘난 사람'이라고 끊임없이 생각하고 행동하느라 타인에게는 믿기 힘들 정도로 관심을 두지 않는다. 타인에게 아무런 관심도 기울이지 않으면서, 동시에 그들에게 '나는 이렇게 열등한 사람이 아니다'라는 것을 증명하기 위한 인생을 산다. 열심히 노력하지만, 그것은 오로지 자신의 가치를 증명하기 위한 노력이다. 하지만 '완전한 두뇌'나 '이상적인 용모'를 갖추어야만 상대가 자신을 소통의 대상으로 대할 것이라는 생각이야말로 낭비다.

---

* 한 가지 일에 지나치게 몰두하던 사람이 극도의 신체적·정신적 피로로 무기력증에 빠지는 번아웃 증후군 개념의 제안자.

'내 안의 벌거벗은 임금님'을 알아채라

소통 능력이란 자신과 상대를 제대로 바라보고 관계의 거리를 파악하는 능력이다. 소통할 줄 아는 사람과 그렇지 못한 사람, 예를 들어 대인기피증이 있는 사람이 만났다고 하자. 대인기피증이 있는 사람은 자신을 감추려 하면서 잘 숨기고 있다고 생각하지만 상대에게는 그가 아주 잘 보인다. 상대의 눈에는 보이는데 정작 자신은 모르는 마음속의 영역을 '내 안에 존재하는 벌거벗은 임금님'이라 부른다고 앞서 이야기한 바 있다. 대인기피증이 있는 사람은 '자신에게는 안 보이지만 상대에게는 보이는 자신'이 존재한다는 사실을 모른다. 즉 '내 안에 존재하는 벌거벗은 임금님'의 영역을 알아채지 못하는 것이다.

군이 대인기피증이 있는 사람을 예로 든 것은 그런 사람은 자신을 완벽하게 연출하려고 하기 때문이다. 하지만 아무리 잘 꾸며 낸다고 해도 상대에게는 그 사람의 불완전한 부분이 보인다. 이러한 이치는 누구에게나 해당된다. 자신은 자기의 약점을 인정하지 않으려 하지만 남에게는 그 약점이 잘 보이는 경우가 대부분이다. 따라서 완벽한 척하는 데 자신의 온 감정을 소모하는 것은 쓸데없는 노력이다. 이

점을 알고 나면 소통해야 할 상대 앞에서 자신을 완벽하게 꾸며 내려는 생각은 하지 않을 것이다.

번아웃 증후군인 사람도 소통을 위해 항상 무리하게 노력한다. 자신의 원래 모습보다 커 보이고 싶은 심리가 작용하기 때문이다. 이런 사람도 '내 안에 존재하는 벌거벗은 임금님'의 영역이 크다.

마음이 약해 남의 부탁을 잘 거절하지 못하는 사람 또한 자신도 모르는 사이에 상대의 눈에 간파된다. 교활한 사람들은 이런 사람을 보면 열심히 이용하려고 든다. 그리고 그들이 모든 것을 소진하여 이용 가치가 없어졌다는 판단이 들면 단호하게 관계를 끊고 떠나 버린다.

항상 무리하는 사람도 마찬가지다. 주위 사람들 눈에는 그 사람이 무리하고 있는 것이 보인다. 무리하는 사람은 자신을 최대한 포장하기 위해 애쓰지만, 주위에서는 모두들 그의 본모습을 알고 있고, 또한 그가 그것을 감추기 위해 무리하고 있다는 것까지 알고 있다. 이 경우도 '자신에게는 보이지 않지만 상대에게는 보이는 자신', 즉 '내 안에 존재하는 벌거벗은 임금님'의 영역이 크다.

언젠가 지인의 빈소에 찾아갔을 때의 일이 떠오른다. 장례식에 온 사람들은 저마다 죽은 이를 애도하고 떠난 사람을 기리는 좋은 말들을 하기 마련이다. 그것이 죽은 이에 대한 배려이기 때문이다. 그런데 그날은 "그 친구, 무리하더니만……" 하는 소리를 몇 번이나 들었다. 확실히 죽은 지인은 보는 내가 애처로울 정도로 살아생전 늘 자신의 그릇보다 커 보이려 했다. 주위 사람들은 그가 무리하고 있다는 사실을 잘 알고 있었다. 그 사실을 몰랐던 것은 그 자신뿐이었다.

자아가 확립된다는 것은 '나는 나다. 나는 남과 마찬가지로 가치가 있다'는 생각을 할 수 있는 상태를 의미한다. 소통 당사자들이 서로 이런 마음가짐일 때 사람과 사람은 통하게 된다. 그것이 심리적으로 건강한 인간관계다.

심리적으로 건강하지 않고 신경증적 경향이 강한 사람은 자신에게 가치가 있다는 생각을 하지 못한다. 그래서 때로는 번쩍이는 다이아몬드를 가지고 싶어 하고, 때로는 고가의 자동차를 원한다. 그러한 도구를 가지고 있지 않으면 자신에게 가치가 없다고 생각하고 너덜너덜 상처 입은 마음을 치유할 도리가 없어 무기력해진다. 그리고 그 무기력이 다시 불통으로 이어진다.

서른 살 먹은 세 살 꼬마

불통의 심리 상태인 사람들이 생각하는 '남에게 미움받는 요소'란 과연 무엇일까? 그들은 왜 '나는 사랑받을 가치가 없다'고 느낄까? 미움받을 만한 요인을 선천적으로 타고나는 것일까? 정신분석학적으로 보면, 그런 사람들은 어릴 때부터 '넌 애물단지야', '난 네가 싫어'라는 부정적 메시지를 받아 왔을 가능성이 크다. 그래서 자신에게는 '남들에게 미움받는 요소'가 있다고 착각하고, 미움받을까 봐 겁을 낸다. 하지만 문제는 자신에게 있지 않다. 성장기에 접한 사람들이 사랑을 줄 줄 모르는 사람들이었을 뿐이다.

만약 그가 남들처럼 사랑받고 자랐다면, 자신에 대해 전혀 다르게 인식할 것이다. 하지만 그렇지 못한 인간관계 속에서 자랐기 때문에 유아적 소망이 충족되지 못한 채 그대로 남아 있다. 다시 말해 어른이 되어서도, 이를테면 서른 살이 되어서도 여전히 제멋대로에 자기중심적인 세 살 꼬마의 심리 상태에 머물러 있는 것이다.

자기중심적인 사람에게는 타인이라는 존재를 살필 여유가 없다. 세 살 꼬마의 심리 상태로 살아가니 세상일이 생각대로 될 리 없다. 재미없는 일투성이다. 자신의 유아적 소망을 아무도 충족시켜 주지 않기 때문이다. 그 결과 주위 사람들을 미워하게 되고, 그 미움의 감정을 마음속에 꾹 눌러두게 된다. 이렇게 해서 무의식의 기저에 강한 미움의 감정이 깔리면, 상대에게 마음을 열 수 없다.

소통하려면 듣는 귀가 필요하다. 상대에 귀 기울이기 위해서는 허영이나 상대를 누르려는 마음이 없어야 한다. 그러나 미움이 있다면 그러기 어렵다. 누군가 소통하려면 먼저 마음을 열어야 한다고 충고해도 열지 못한다. 그 결과 어렵게 대화를 청한 상대도 그의 무의식에 숨은 미움에 반응하여 점차 멀어져 간다.

인사 없이 대충 넘기는 사람

자신의 무의식 속에 미움이 있는지 없는지는 간단한 인사 표현으로도 알 수 있다. '고맙다', '미안하다'는 말을 잘 하지 않는 사람은, 자신이 마음 깊은 곳에 미움을 품고 있지는 않은지 유심히 살펴볼 일이다.

특히 아무리 해도 '고맙다', '미안하다'는 마음이 들지 않아 그저 그 상황을 대충 무마하는 사람이 있다. 그런 사람은 마음 깊은 곳에 자리 잡은 무의식 속 미움을 의식 세계로 끌어올리지 않는 한, 웬만해서는 소통을 잘하기 어렵다.

인간관계를 통해 무언가를 이루었다면 '상대와 자신의 관계'에서 결과를 성취한 것에 주목하고 상대에게 감사할 필요가 있다. 다른 사람과의 관계였다면 일이 순조롭지 못했을 수도 있기 때문이다. 그런데 안타깝게도 앞에서 언급한 사람들은 이를 고맙게 여기지 않는다. 설령 상대에 고마운 마음이 들더라도, 관계가 잘 이어지면 금방 익숙해져서 잊어버리고 만다. 고마움을 못 느끼거나, 느끼더라도 금방 잊는 것이다.

소통을 잘하는 사람은 정도를 지킨다. 반면 자기 집착이 강한 사람은 일이 잘 풀릴수록 절도를 잃고, 자기도 모르는 사이에 오만해진다. 마음 깊은 곳에 가라앉아 표현되지 않던 자기중심성 등이 겉으로 드러나기 때문이다.

옛말에 '친한 사이에도 예의를 지키라'는 말이 있다. 이는 예의를 차리며 서먹서먹한 분위기를 만들라는 의미가 아니다. **상대에게 '고맙다' 는 마음을 느끼고 표현하는 것이 그 무엇보다 중요하다는** 말이다.

무심코 던진 한마디가 마음의 통로를 연다

인간관계가 삐걱대는 진짜 이유는 무엇일까? 관계를 잘 맺고 싶다고 해서 엄청난 일을 해야 하는 것은 아니다. 오히려 핵심은 작고 사소한 곳에 있다. 누군가를 초대하고 싶을 때, 꼭 호화로운 저녁 식사를 준비해야 하는 것은 아니다. 점심 식사면 어떻고, 선술집에서 대접하면 또 어떤가? 상대를 배려하고 감사하는 마음이 있다면 그것으로 충분하다. 마음의 통로를 여는 데 중요한 것은 아이들처럼 순수한 감사의 마음이다. '겨우 이 정도'라고 생각하는 것이 예상 외로 매우 중요하다.

따라서 우리는 '고맙다'는 말을 잊지 않아야 한다. 그 말이 타인과 나의 마음을 연결하는 통로가 되기 때문이다. 고맙다는 말을 듣고 싶어 하는 상대에게 그저 감사의 말을 전하는 것, 단지 그뿐이다. 어깨를 두드리며 '몸조심하라'고 격려의 말을 하는 것도 잊지 말자. 꼭 대단한 말이 아니어도 된다. "무리하지 마", "자네 덕분에 우리 회사 분위기가 밝아"라는 한마디면 된다. 이렇게 무심코 던진 한마디가 타인과 연결되는 마음의 통로가 된다.

우쭐대기 좋아하는 사람들은 흔히 상대의 칭찬이 듣고

싶어 일부러 엄청난 무언가를 하려 한다. 하지만 그렇다고 한들 그것이 항상 성공적인 소통으로 이어지지는 않는다. 사람들은 보통 은혜를 베풀었다고 생색내는 사람을 싫어한다. 그런데도 굳이 고맙다는 말을 듣고 싶어 공치사하는 사람들이 있다. 다른 사람들이 싫어할 짓을 하면서 좋아해 주기를 바라는 모순된 행위는 상대와 나를 잇는 마음의 통로를 닫아 버린다는 사실을 기억하자.

무의식 속의 '싫어요'라는 감정

'고맙다'는 마음에 진정성이 있다면 소통은 문제없다. 진심으로 고맙다고 말하는 사람은 설령 타인과의 관계에서 마찰이 생기는 일이 있어도 그 빈도와 심각성이 낮다. 하지만 겉으로는 '우린 사이가 좋다'고 하면서 실제 마음 깊은 곳에서는 상대를 싫어하는 관계일 때, 또는 이해타산으로 상대와 가까워진 관계일 때는 심각한 마찰이 빈번히 발생할 가능성이 크다.

누구나 자신이 품고 있는 일반적인 욕구가 만족되면 상대를 '좋아한다'고 생각하지만, 무의식적으로는 싫어하는 경우도 있다. 예를 들어 생일 파티는 누구나 하고 싶어 한다. 그런데 사람들의 무의식 속에는 생일인 상대를 좋아하는 마음이 없다. 이 경우 사람들은 '그 사람'의 생일 파티를 하고 싶은 것이 아니라 그저 단순히 '생일 파티'라는 것이 하고 싶어 모이게 된다.

부모와 자녀의 관계도 마찬가지다. 부모와 자녀는 그들 사이에서 애정 욕구라는 일반적인 욕구가 만족된 것을 '서로 좋아하는 관계'라 착각한다. 하지만 실제로는 친밀한 관계나 좋아하는 관계가 아닐 수 있다.

외롭다고 느끼는 상황에서 사랑에 빠진 젊은 남녀의 감정도 이와 같을 수 있다. 상대를 통해 고독과 성적 욕구불만이 해소되는 것을 '그 사람이 좋아서'라고 착각하는 것이다. 그러나 실제로는 그 사람을 진정 사랑하고 있지 않다. **사람이 자기 안에서 가장 읽어 내기 어려운 감정 중 하나가 바로 '상대가 싫다'는 느낌이다. 마음에 감춰진 이 싫은 감정을 발견하지 못하는 것이 소통에 실패하는 가장 큰 원인일 수 있다.**

외로움이 진짜 감정을 가린다

'싫다'는 감정이 무의식 속에 숨어 있으면 읽어 내기 어렵다고 했다. 그런데 '싫다'는 감정과 '외롭다'는 감정이 혼재하면 '싫다'는 느낌은 더욱 깨닫기 어려워진다. 사람은 '외로움'을 더 강하게 느끼기 때문이다. 그래서 외로울 때 자신의 외로움을 채워 주는 사람이 나타나면 비록 그 상대가 마음에 들지 않더라도 좋아한다고 여기게 된다. 외롭기 때문에, 마음속의 '싫다'는 감정을 무의식 깊은 곳에 내몰고 알아보지 못하는 것이다.

만약 상대와 둘이 있을 때 '갑갑하다'고 느낀다면, 그 상대에게서 무언가를 받는 것은 좋지만 그 사람 자체는 싫다는 신호다. 이렇게 상대에게서 '갑갑하다'는 느낌을 받으면 소통은 실패로 끝난다.

무의식에 자리 잡은 '상대가 싫다'는 느낌은 이처럼 '갑갑하다'는 감정 외에 또 무엇으로 알 수 있을까? 예를 들어 특별한 주제나 용건 없이 시간을 들여 대화를 나누고 있는 것이 싫다거나, 이야기할 화제를 미리 꺼내기 싫다면 상대를 싫어하는 것이다. 잘 알지도 못하는 사람에게 무언가를 상담하고 있다면, 주위의 모든 사람을 싫어하는 것이다. 주위 사람을 좋아한다면 모르는 사람에게 상담할 리 없기 때문이다. 또 인간관계에서 항상 심각한 마찰을 빚는다면, 주위 사람을 싫어하는 것이다. 이런 사람은 마찰이 생길 때마다 주변을 탓하지만, 진짜 원인은 자신이 주위 사람을 싫어한다는 데 있을 수 있다. 지금 당신 곁에 진심을 털어놓을 상대가 있는지 살펴보라. 없다면 자신이 주위 사람을 싫어하고 있는 것이다.

이는 반대로 생각하면 **자신이 누군가를 싫어한다는 사실만 정확히 알면, 심각한 마찰을 자주 빚지 않을 수 있다**는 말이 된다. 사람에 따라 대처 방법을 달리할 수 있기 때문이다. 대표적인 방법이 거리 두기다. 회사 내 인간관계로 문제를 겪고 있는 사람이 있다고 치자. 이 사람이 회사 내에서 마찰이 생기는 것을 막으려면, 공식적인 모임 자리에만 참석하고 비공식적인 연회나 사적인 술자리에는 가지 않을 수 있다. 즉 회사와 관련된 관계를 사내로 한정하여 회사 밖으로까지 연장하지 않는 것이다. 그러면 확실히 문제가 일어날 확률은 줄어든다.

싫은 것을 싫다고 인정하지 않으면 심리적으로 불안해지고, 결국 종일 그 감정에 질질 끌려다니게 된다. 싫어하는 사람에게도 거리를 두지 않고 무조건 잘 보여야 한다고 생각하면, 소통은커녕 문제만 일으키게 된다는 사실을 기억하자.

장황하게 자신의 이야기를 해도 되는 상대인가

타인과의 관계에서 중대한 문제가 빚어졌을 때는 혹시 자신이 상대를 '싫어하는'지 돌아보자. 물론 상대를 싫어하지 않고 자신의 의사를 전달하려는 바람직한 소통을 시도할 때도 갈등은 늘 발생할 수 있다. 인간관계에서 문제가 생기는 것은 불가피하기 때문이다. 하지만 이 경우 문제의 심각성은 이전 상황과 다르다. 마음에 상처를 입을 만큼 심각한 문제가 아닌 것이다. 여기서 말하는 문제란 사회적 갈등은 물론 상대와 자신의 마음속에 생기는 크고 작은 변화를 모두 포함한다.

오랫동안 카운슬링을 해 오면서 고민 상담을 위해 보내온 편지를 읽다 보면, 모르는 사람에게 이런 일까지 이야기해도 되나 싶을 정도로 장황하게 자신의 이야기를 적어 내려가는 사람이 있다. 아마도 당시 주위에 그런 이야기를 할 만한 사람이 없었을 것이다. 있는 그대로의 자신을 받아들여 주는 사람이 없거나, 스스로가 주위 사람들을 싫어하기 때문일 수도 있다. 사적인 이야기를 장황하게 늘어놓는 것 자체가 나쁘다는 말이 아니다. 장황하게 자신의 일을 이야기할 수 있는 사람이 주변에 있다는 것은 오히려 대단히 고

마운 일이다. 인간관계의 거리가 가까운 친밀한 관계에서는 푸념 또한 소통이 될 수 있다.

그러나 앞서 인간관계의 거리감에 대해 이야기했듯이 겨우 어제 만난 사람에게 사적인 이야기를 시시콜콜 늘어놓으면, 상대에게 예의를 모르는 사람이라는 인상을 줄 수 있다. 그래서 **인간관계의 거리를 파악하는 일이 중요하다. 거리에 맞지 않는 말이나 행동은 나와 상대의 거리를 더 멀어지게 할 수 있다.**

이에 따라 참된 소통에는 다음과 같은 과정이 필요하다. 상대에게 자기 이야기를 장황하게 늘어놓았다면, '이 사람 덕분에 내 마음의 균형을 바로잡을 수 있었어'라고 생각하고, '고마움'을 전해야 한다. 설사 관계의 거리가 먼 사람이라 하더라도 내 마음이 편해지도록 장황한 이야기를 들어준 데 감사를 표하면 그로 인해 관계가 가까워지는 계기가 될 수 있다. 고마움을 느끼지 못하거나, 고마움을 느꼈지만 표현하지 않는 사람은 참된 소통을 이루기 어렵다. '고맙다'는 말은 상대에게 관심을 갖고 있다는 말, 즉 그 자체로 의미를 담은 대화이기 때문이다.

요컨대 소통을 잘하기 위해서는 솔직해져야 한다. 어렵더라도 그렇게 해야 한다. 대인공포증이 있는 사람을 비롯하여 앞서 언급한 사람들은 이러한 소통 방법을 배우지 못했기 때문에 인간관계에서 마찰을 빚는다. 그런 사람들은 외부로부터의 접근을 막기 위해 몸에서 실을 뽑아내어 자신을 칭칭 감싸 보호하려는 누에와 같다. 하지만 그러한 삶은 자신을 위하는 삶이 아니다. 살아간다는 것은 외부와 소통하는 것이기 때문이다. 즉, 남보다 우월해지기 위한 것이 아니라, 상호 이해하기 위한 것이다. 남보다 앞선다고 해서 인생이 반드시 잘 풀리는 것은 아니지만, 남과 소통을 잘하면 반드시라고 해도 좋을 만큼 삶이 순조롭다. 그리고 그것이 곧 나를 위하는 일이 된다.

자신을 지킨다는 것은 남의 위에 올라서거나 비판하는 것이 아니고, 무조건 잘 보이려는 것도 아니며, 현실에 눈감고 틀어박히는 것도 아니다. 자신을 지킨다는 것은 곧 타인과 의사소통하는 것이며, 자기실현을 이루는 것이다. 자기실현이 가능해지면 소통을 잘할 수 있을 뿐만 아니라, 자신의 진가가 타인의 눈에도 드러난다.

자만심을 버려야 친구가 생긴다

상대의 기분을 생각하지 않으면 노력해도 친구가 생기지 않는다. 득의양양 자신이 가진 것을 내보이기에만 급급하면 사람들에게 오히려 반감을 산다. 우쭐대며 자랑을 일삼는다면 더 말할 것도 없다.

다이아몬드를 가진 사람이 있다. 그는 남들이 그것을 보며 부러워해 주길 바란다. 그러나 주위 사람들의 눈에는 그리 썩 좋아 보이지 않는다. 외려 위화감만 느끼게 할 뿐이다. 그런데도 어떻게든 부럽다는 말을 듣고 싶어 자랑만 일삼으면 반감을 살 수밖에 없다. 우쭐대며 잘난 척하면 듣는 사람은 '대체 뭐지?'라고 생각하며 불쾌감을 느끼게 된다. 그런데 '나 이런 사람이야' 하며 우쭐대는 사람은 듣는 이의 감정까지 신경 쓸 여유가 없다.

이래서는 소통이 이루어지지 않으니 친한 친구가 생길 리 없다. 만약 이런 사람에게 친한 친구가 생긴다고 한다면, 자신이 다른 누군가에게서 똑같이 잘난 척하는 소리를 듣고 불쾌감을 느끼고 나서일 것이다. '아! 내가 그동안 상대에게 했던 일들이 이처럼 불쾌감을 주는 행동이었구나' 하고 깨닫게 되는 순간 변화하고자 노력하게 된다.

우쭐대거나 잘난 척하지 않아도 상대의 관심을 불러일으킬 수 있다. 상대에게 부러움이나 위화감이 아니라 감동을 느끼게 하는 소통이 바로 그것이다. 상대에게 감동을 주어 칭찬을 듣고 진정한 부러움을 사는 것은 상대로부터 에너지를 받는 일과 같다. 부러움을 사기 위해 일부러 무언가를 해서는 상대의 마음을 얻을 수 없다. '칭찬을 듣고 싶다'는 생각이 우선시되어도 상대의 마음을 얻을 수 없다. 자만이 앞선 상태에서는 상대에 대한 배려가 아닌, 자신의 욕심만 드러나기 때문이다.

손님을 대접하면서도 "이 양과자 한 상자에 10만 원이나 하는 거야"라고 자랑하면 분위기는 무거워진다. "양과자 좋아한다기에 준비했어. 변변치 않지만 맛보지 않을래?"라고 말하면 대접받는 사람도 자신이 존중받고 있음을 느끼며 진심으로 기뻐한다.

역에서 누군가를 배웅하고 있는 아이가 있다. 그것을 본 역무원이 아이를 번쩍 안아 들고 열차 안의 사람이 잘 보일 수 있도록 도와준다. 손자가 할아버지를 배웅하고 있는 것이다. 역무원은 다름 아닌 그 역의 역장. 역장은 아이는 물론 열차 안에 있는 아이의 할아버지와도 소통하고 있다. 자신이 얼마나 대단한지 따위의 체면에 신경 쓰지 않는다. 자신의 위치를 과시하지 않는 사람, 자신을 잊은 사람, 상대와 소통할 줄 아는 사람은 바로 이처럼 상대를 앞에 두고 자신의 체면을 챙기는 짓은 하지 않는다.

상대에 관심이 없으면 상대를 볼 수 없다.

혹시 나는 상대가 **나를 소중히 여기는 사람인지,**

이용하려는 사람인지 생각해 보지 않고

무조건 상대의 마음에 들려고 하고 있지 않는가?

4장

좋은 인간관계는
관심에서 시작된다

인식의 차이

같은 기숙사에서 생활하는 학생 48명에게 다음과 같은 질문을 던졌다. 'A는 부끄럼이 많은가?' 학생들은 자신을 포함한 48명에 관해 던져진 질문에 답했다. 결과를 보니 자기 자신이 부끄럼이 많다고 대답한 학생의 경우 친구들 중 45퍼센트만 부끄럼쟁이라고 평가했다. 나머지는 부끄럼쟁이라고도, 또 그렇지 않다고도 생각지 않았다. 다시 말해 별로 신경 쓰지 않는 것이었다. 놀라운 점은 그중 33퍼센트는 자신을 부끄럼쟁이라고 대답한 학생을 부끄럼쟁이가 아니라고 간주하고 있었다.

자신이 부끄럼쟁이가 아니라고 대답한 학생들의 경우, 친구들의 75퍼센트가 그와 동일한 평가를 했으며, 16퍼센트의 친구들은 반대 의견을 내 부끄럼이 많다고 평가했다. 자신은 스스로 부끄럼이 많다고 생각하는데, 친구의 85퍼센트가 '부끄럼이 없다'고 평가해 준 학생도 있었다.(필립 짐바르도, 《수줍음Shyness》)

나는 이 연구 사례를 통해 '자기가 생각하는 자신'과 '남이 보는 자신'은 다르다는 점을 말하고자 한다. 본래 힘이 없음에도 자신은 강해 보일 것이라 생각하고 무섭게 엄포를 놓는다면, 주위 사람들 눈에는 그 유약함이 애처로워 보일 수 있다. '주위 사람들의 눈에 비치는 자신'과 '자기가 생각하는 자신'은 이처럼 다르다. 상대를 위협으로 으르려는 약자는 자신이 남들 눈에 멋지게 보이리라고 착각하지만, 주위 사람들은 '겉만 번지르르한 엄포'로 생각하기 십상이다. 주위 사람들 눈에는 약자의 허세가 보이지만, 정작 약자 자신은 자신의 허세나 약함을 눈치채지 못한다. 자세히 관찰하면 누구나 상대에 관해 파악할 수 있는 법이다. 그러나 허세를 부리는 약자는 그것을 깨닫지 못한다.

그러므로 우리는 늘 '**나 자신이 생각하고 있는 것보다 훨씬 더 정확하게 다른 사람들이 나를 보기도 한다**'는 점을 자각해야 한다.

제멋대로라는 평가를 받는 사람

세상 사람들이 보기에 '제멋대로, 마음 내키는 대로' 사는 사람이 있다. 그런데 정작 당사자는 오히려 사는 것이 힘들다고 한다. 그 자신은 '아무도 나를 알아주지 않는다'고 생각한다. 그러나 이는 흔히 그 사람 스스로가 너무도 자기중심성이 강한 경우다. 제삼자의 눈에는 제멋대로 자기 하고 싶은 대로 사는 것처럼 보이는데 정작 그 자신은 힘들다고 느끼는 데는 이유가 있다. 바로 남들은 누구나 쉽게 파악하고 있는 그 사람의 유아성幼兒性을 자기 자신만 모르기 때문이다.

이렇게 자기 자신과 타인의 인식이 어긋나면 서로 제대로 소통할 수 없다. 양측이 소통에서 비롯되는 만족감을 전혀 느낄 수 없다고 해도 과언이 아니다. 예를 들어 제삼자가 보기에는 '뻔뻔한 사람'인데, 그 자신은 순수하다고 생각하는 경우가 그러하다. 상대방과의 거리감을 모른 채 '친밀하면 좋지'라는 생각으로 가깝지 않은 사람에게 무람없이 군다면 상대에게 '뻔뻔하다'는 평가를 받을 수 있다.

이와 반대로 가까운 사람에게 너무 예의를 차리고 별것 아닌 일에 미안해하며 매우 조심스러워하는 사람도 있다. 이런 사람 역시 관계의 거리감을 모르기는 마찬가지다. 이런 상태에서는 타인과 마음의 교류를 할 수 없다. 알고 보면 세상에는 이처럼 인간관계의 거리감을 몰라 고민하는 사람이 수없이 많다.

내가 모르는 나

사람의 내면에는 '자신이 알지 못하는 자신'과 '잘못 알고 있는 자신', 즉 잘못 해석한 자신이 있다. 그리고 '인정하기 싫은 자신', 즉 의식하지 못하는 자신도 있다. 자신이 구두 쇠라는 사실을 인정하기 싫은 사람은 '나는 구두쇠'라는 인식을 자신의 무의식의 세계로 추방한다. 즉 억압repression*하는 것이다.

그런데 의식하기 싫어 숨긴 자신의 모습이 다른 사람들의 눈에도 안 보이기를 바라는 것은 어리석은 생각이다. 다른 사람들의 눈에는 오히려 그런 점이 더 잘 보이는 경우가 많다. 자신의 인색함을 무의식의 세계로 몰아내어 자기 자신은 인색하다는 사실을 의식하지 못하더라도, 상대방은 '이 사람은 짠돌이구나' 하고 느낄 수 있다. 이처럼 자기 자신에게는 안 보이지만 상대방의 눈에는 보이는 자신이 바로 '내 안에 존재하는 벌거벗은 임금님'이다. 이 영역은 보통 사람들이 생각하는 것 이상으로 크다.

---

* 인간의 방어기제 중 하나로 자아가 어떠한 의식을 인식 밖으로 밀어내거나 그러한 의식을 인식하지 않으려고 노력하는 것을 말한다.

잘 속는 사람

남에게 잘 속는 사람, 이용당하는 사람, 소모되는 사람, 손해만 보는 사람은 '내 안에 존재하는 벌거벗은 임금님'의 영역이 넓다고 볼 수 있다. 자신은 보지 못해도 다른 사람에게는 그 영역이 잘 보이기 때문에 질 나쁜 사람들에게 사기를 당하는 것이다.

　예를 들어 열등감을 인정하기 싫어 무의식의 세계로 추방한 사람이 있다. 그는 자신에게 열등감이 있다는 사실을 의식하지 못한다. 그런데 어느 간사한 사람이 그 점을 간파하고 그에게 접근해 '유능하다', '대단하다'며 비행기 태운다. 그러면 그는 상대방이 어떤 의도가 있어서 치켜세운다는 것은 모르고 그저 칭찬에 기분이 좋아져서 쉽게 이용당하고 만다. 이용하는 사람은 그 사람의 열등감에 대해 알지만 당사자는 자신의 열등감을 모른다는 데서 비롯된 결과다.

　남에게 이용만 당하다가 번아웃되어 버리는 사람도 '내 안에 존재하는 벌거벗은 임금님'의 영역이 크다. 자신은 인식하지 못했지만 상대방은 그 영역을 간파했기 때문에 이용당할 대로 당하다가 삶의 에너지를 완전히 소모한다.

　이처럼 항상 당하고 잘 속는 사람들은 '내 안에 존재하는 벌거벗은 임금님'의 영역이 클 가능성을 염두에 두지 않으면 안 된다. 그렇게 생각하고 스스로 반성하지 않는 한, 그저 열심히 노력하는 것만으로는 인생이 잘 풀리지 않는다.

상대의 진심을 보지 못하는 사람은 남에게 쉽게 속아 넘어간다. '대단한데~'라는 상대의 추임새에 기분 좋아져서 마치 달달한 음식을 먹고 있는 것처럼 기분이 붕 뜨게 된다. 때문에 상대를 가볍게 좋아하게 된다.

《논어》에 "말을 교묘하게 하고 아첨하는 사람 중에 어진 사람이 드물다巧言令色, 鮮矣仁"는 구절이 나온다. 다른 사람을 제대로 볼 줄 모르면 아첨하는 자들에게 인仁과 덕德이 없다는 사실을 알아챌 수 없다. 여러 번 강조했듯이 남에게 잘 속는 사람은 '내 안에 존재하는 벌거벗은 임금님'의 영역이 크다고 생각해야 한다. 속이는 사람에게는 속는 사람의 마음속이 훤히 들여다보인다. 그 사람의 열등감과 고독감, 허세가 그대로 드러나기 때문에 부추기고 이용하는 것이다.

중국의 유명한 병법서인 《손자병법》에 "공격하여 반드시 취하는 것은 지키지 않는 곳을 공격하기 때문이다攻而必取者 攻其所不守也"라는 말이 있다. 이를 토대로 해석하자면, 속는 사람은 '지키지 않는 곳'을 공격당한 것이다. 때문에 아무리 탄탄한 병력을 갖추었다고 해도 지는 것이 당연한 이치다.

미국의 심리학자인 대니얼 어반 킬리Daniel Urban Kiley는 '고독은 상업주의의 봉'이라고 말했다. 옳은 말이다. 고독한 인간일수록 부추김이나 위협에 약해 물건을 팔아먹기 쉽다. 당신은 상대를 들여다보지 못하는데 상대는 당신을 속속들이 들여다본다면, 상대에게 쉽게 이용당하고 속을 수밖에 없다. 당신이 외부의 영향을 잘 받는 피영향성被影響性이 강한 사람이라면 더더욱 그러하다. 상대를 쉽게 믿어 버리기 때문이다. 당신을 이용하려고 마음먹은 상대는 당신의 어디를 찔러야 좋을지 손바닥 위에 올려놓고 보듯 꿰뚫어 볼 수 있다.

자신에게는 보이지 않지만 상대에게는 잘 보이는 영역이 크다는 것은 어떤 의미일까? 비유하자면 자신은 고양이인지 뱀인지 호랑이인지도 모른 채 정글을 걷는데, 다른 맹수들은 당신이 고양이라는 사실을 아는 상황이다. 즉 당신이 잡아먹힐 가능성, 목숨을 앗아 갈 만한 중대 사고가 생길 가능성이 지극히 큰 상태다.

상대의 '언행'보다 '마음'을 살펴라

《손자병법》은 2천여 년 전에 저술되어, 지금까지도 전 세계
적으로 많은 이들에게 읽히고 있다. 그만큼 《손자병법》에는
현대인도 되새길 만한 구절이 수없이 많다. 그중 "적을 알고
나를 알면 백 번을 싸워도 위태롭지 않다知彼知己, 百戰不殆"
는 구절이 있다. 적과 싸우려면 먼저 자국과 적국의 병력을
안 후에, 싸워야 할지 싸우지 말아야 할지를 생각해야 한다
는 것이다. 싸울 때는 만전의 태세를 갖추고 적의 약점을 찔
러야 하며, 적의 약점을 모른 채 싸워서는 안 된다. 나를 알
고 적을 모르면 승패는 막상막하다. 하지만 나와 적을 모두
모르면 반드시 패하게 되어 있다.

일상의 소통에서도 "지피지기면 백전불태"의 이치가 적
용된다. 비즈니스 협상에서도 마찬가지다. 나와 상대를 모
두 모르면 협상에서 반드시 실패하게 되어 있다. 상대를 알
때 중요한 것은 상대의 언행보다 마음이다. 큰소리치며 으
스대는 사람이 속으로는 벌벌 떨고 있을 수 있다. 뻐긴다는
것은 두려움의 반동형성reaction formation*일지 모른다. 겉으
로는 여유만만해도 상대가 '싫은 소리를 하지는 않을까' 하
는 걱정에 속으로는 겁을 내고 있는 경우도 있다.

으스대는 사장도 사실 그 본성은 곰돌이 푸, 또는 토끼일 수 있다. 아무리 사회적 지위가 높아도 마음이 토끼처럼 연약한 사장은 비서의 눈치를 본다. 비싼 옷을 차려입고 어깨에 힘을 주고 있지만 때로는 벌벌 떨며, 믿을 수 없을 만큼 상대의 눈치를 본다. 그다지 관계도 없는 사람에게 잘 보이려 애쓰기도 한다.

자신의 약점을 간파당하고 있지는 않는가

병법 이야기가 나온 김에 전쟁에 비유해 이야기해 보자. 위에서 얘기한 대로 전쟁에서 중요한 것은 적군의 병력을 파악하는 것만이 아니다. 그에 못지않게 적군이 아군의 병력을 어떻게 평가하는지도 중요하다. 즉, 적군이 아군에 대해 잘 알고 있는지 모르는지가 중요하다는 것이다.

일상의 소통에서도 우선 상대가 나를 아는지 모르는지를 파

방어기제의 하나로, 무의식적인 욕구 충동을 억압하는 것만으로는 극복할 수 없을 때 그것과 정반대되는 욕구를 만들어 내어 대항하는 심리 현상이다. 일반적으로 이에 따른 행동은 부자연스럽고 어색하다는 인상을 낳는다.

악해야 한다. 만약 당신이 자기 자신을 잘 모르는데 상대는 당신을 잘 안다면, 즉 '당신 안에 존재하는 벌거벗은 임금님'의 영역이 크다면, 당신의 병력이 훨씬 우세하다 한들 싸움에서 질 확률이 크다. 이런 경우 소통에 실패할 뿐 아니라 많은 것을 잃을 수 있다.

따라서 중요한 것은 '스스로의 약점을 파악'하는 것이다. 자기 자신도 모르는 약점을 상대가 알고 있다면 그와의 싸움에서 이길 재간이 없다. 요컨대 '자신이 간파당했는지 여부'를 알아채야 한다. '초나라 항우와 한나라 유방'의 전투를 떠올려 보자. '항우와 유방'의 싸움에서 마지막에 승리를 거둔 유방은 처음에는 계속 지기만 했다. 그러던 유방이 기사회생하게 된 사건이 바로 항우군의 수비가 허술한 곡창지대를 공격한 전투였다.

《손자병법》에서는 '지키지 않는 곳을 공격하면 반드시 이긴다'고 했다. 상대가 공격해 오면 자신이 치명상을 입을 수밖에 없는 곳을 알고 있어야 위기에 대처할 수 있다. 백 번을 싸워도 위태롭지 않으려면, 적이 자신의 강점을 알고 있다는 사실을 인식해야 한다. 적이 이쪽의 강점을 알고 있다면 반드시 그에 대비하기 마련이다. 그렇다면 약점에 대해서는 어떠한가? 자신에게 이러저러한 약점이 있다는 사실을 아는 것만으로는 부족하다. 그 약점을 적이 아는지 모르는지를 파악해야 한다. 적이 이쪽의 약점을 알고 있다면 분명 그곳을 공격해 올 것이고, 모른다면 공격해 올 가능성은 적다. 내 안에 '벌거벗은 임금님'의 영역이 있으면 싸움에 이길 수 없다. 자신은 모르는 본인의 약점을 적이 눈치채고 있는데 어떻게 싸움에서 승리할 수 있겠는가?

비즈니스 협상에서도 상대가 자신의 어떤 부분을 알고 있는지 파악하는 것이 중요하다. 본인이 모르는 약점을 상대가 알고 있다면 상대에 보기 좋게 휘둘리고 만다. 자기 자신을 아는 것만이 아니라 상대가 자신에 대해 무엇을 알고 모르는지를 알아야만 협상이 자신이 원하는 대로 흘러간다.

비즈니스 상대와 연애 상대는 다르다

《손자병법》은 비즈니스와 연애에서 각기 다른 방식으로 활용된다. 비즈니스에서는 유리한 고지를 점령하기 위한 소통법이 필요하고, 연애에서는 내 편을 만들기 위한 소통법이 필요하기 때문이다.

비즈니스에서는 '상대가 알아차리지 못한 자신의 약점'이 매우 중요하게 작용한다. 그런 부분은 상대에게 보이지 않도록 계속 가려 두는 편이 좋다. 협상 테이블에서는 그것이 비장의 카드가 된다. 약점을 숨기는 고도의 전략이 바로 협상술이다.

그런데 연애나 우정을 비롯한 친밀한 인간관계를 맺을 때는 가능한 한 자신을 감추지 않고 상대에게 드러내는 것이 중요하다. 겁내는 자신을 정직하게 보여 주는 등 적극적으로 자신의 약점을 드러냄으로써 오히려 좋은 관계를 맺게 되는 경우가 많다. 친밀한 인간관계를 바란다면 '상대에게 알려지지 않은 나의 약점'이 없는 편이 좋다. 숨기지 않고 자기 노출을 해야 한다.

'카드 하우스 커플'이라는 말이 있다. 트럼프를 칠 때처럼 각자의 중요한 카드를 숨기는 커플을 풍자한 표현이다. 이런 관계에서는 서로 마음과 마음을 나누는 사이가 될 수 없다. 상대와 허물없는 관계를 맺기 위해서는 겁내는 자신과 당당한 자신, 그 양면을 모두 있는 그대로 드러내는 편이 좋다.

하지만 비즈니스 세계는 다르다. 비겁한 상대에게 자신의 약점을 가르쳐 주면 실컷 이용만 당하게 된다. 상대에게 자신의 겁쟁이 같은 모습을 보여 주어서는 안 된다. 비즈니스에서는 협상술이 큰 영향을 미치기 때문이다. 직장에서 번아웃해 버리는 사람은 협상 테이블에서도 약삭빠른 상대방에게 자신을 그대로 드러내 버린다.

나는 종종 '외로움'과 '어리광' 때문에 자신을 공개했다가 남에게 실컷 이용만 당하고 소모되어 버리는 사람을 본다. 그들은 당장의 외로움을 날리기 위해 자기를 노출한다. 그 후에 뒤따를 고통스러운 상황은 생각하지 않는다. 상대가 무조건 자신을 다 받아 줄 것이라 믿고 어리광을 부리는 것이다. 그런 사람은 《손자병법》에서 말하는 '지키지 않는 곳'을 공격당할 수밖에 없다. 비즈니스맨으로서는 백전백패다. 애당초 상대가 자신을 어떻게 보는지 알지 못하면, 죽도 밥도 안 된다. 지금 상대가 자신을 비즈니스 세계의 경쟁 상대로 보는지, 협력 상대로 보는지, 적대 관계로 파악하는지, 이해가 대립하는 협상 상대로 파악하는지, 그것도 아니면 이해관계와는 상관없는 친구가 되려고 하는지를 우선적으로 알아야 한다.

언제나 짐만 떠안는 사람

비즈니스뿐만 아니라 개인적인 인간관계에서도 상대가 자신을 어떻게 보고 있는지를 모르면 기막힌 상황을 초래하게 된다. 나는 약 반세기 동안 상담과 심리 치료를 해 오면서, 착한 사람이 주위의 얌체 같은 사람들 때문에 짐을 떠안다가 결국에는 지쳐 쓰러지는 모습을 정말 많이 보았다.

노인 부양, 아버지의 도박 빚, 어머니의 알코올의존증, 형제의 사업 실패 등 가족 내에서도 온갖 다양한 문제들이 일어난다. 집안에 불상사가 생기면 사람들은 가족 가운데 가장 마음 약한 사람에게 부담을 떠넘긴다. 모두 그 마음 약한 사람에게 짐을 들고 찾아온다. 주위 사람들은 부담을 떠맡을 사람이 누구인지 간단히 간파할 수 있다. 거절할 줄 모르고, 마음 약하고, 외로워하고, 부추기기 쉬운 사람들은 그런 점이 쉽게 드러나기 때문이다. 그래서 주위의 얌체 같은 사람들은 그런 마음 약한 사람을 희생양으로 삼아 문제를 떠넘기고 도망간다. 그런데 정작 부담을 죄 떠안은 사람은 그런 주변 사람들을 파악하지 못한다. 사람들의 치사함, 냉정함을 보지 못한다. 듣기 좋으라고 한 말을 곧이곧대로 칭찬으로 받아들여 신뢰하고 나중에 짐을 떠안게 된다.

'내 안에 존재하는 벌거벗은 임금님' 영역은 이처럼 살아가는 데 큰 문제가 된다. 때문에 세상에서 살아남기 위해서라도 '내 안에 존재하는 벌거벗은 임금님' 영역을 철저하게 줄여야 한다. 얌체족들은 돈을 낼 때가 되면 "나도 낼게"라고 말하지만, 실제로는 절대 내지 않는다. 일단 '낸다'고 하면 누군가가 "뭘, 이번엔 됐어"라고 말할 것을 알기에 그런 말을 하는 것이다. 결국 혼자서 돈을 다 내는 사람은 얌체 같은 상대가 거기까지 간파하고서 '내겠다'고 말한 것은 모른다. 하지만 상대는 이미 이쪽을 훤히 꿰뚫고 있다. 함께 돈을 '내겠다'고 말하며 착한 사람인 척 연기하지만, 결과적으로는 돈을 내지 않고 이득을 누린다. 계산이 끝나면 그들은 잊지 않고 한마디 덧붙인다. "같이 내도 되는데."

무의식을 깨달으면 편안해질 수 있다

자신을 멸시하면서도 그 점을 인식하지 못하는 사람이 있다. 다시 말해 무의식의 영역에서 자기 멸시를 하는 것이다. 이런 사람은 다른 사람들이 진심으로 칭찬해도 그저 듣기 좋은 소리로 치부한다. "옷을 참 시크하게 입으시네요. 만날 때마다 기대돼요"라는 말을 들었을 때, 무의식 중에 자기를 멸시하는 사람은 금방 쑥스러워한다. 그리고 상대를 향해 "아이, 그만하세요" 하는 식으로 대응한다. 이런 사람은 스스로를 멸시하기 때문에 상대방의 말을 칭찬으로 받아들이지 못하고 '시크? 비싸지도 않은 옷을 잘 맞춰 입었다는 뜻인가? 그래, 자기는 고급만 입는다 이거지?'라는 식으로 비꼬아 받아들인다. 또 말의 의미를 알아채지 못해 칭찬을 무심코 흘려 넘기기도 한다.

마음이 건강한 사람이라면 같은 상황에서 상대방의 칭찬을 '격려의 말'로 받아들인다. **인간관계에서 중요한 것은 자신의 무의식에 내재된 문제를 깨닫는 것이다. 그리고 상대를 보는 것이다.** '자신의 무의식을 깨달아야 한다'고 말하면 "무의식을 어떻게 알 수 있나요?" 하고 되묻는 사람도 있다. 알면 그게 무슨 무의식이냐고 의아해하는 사람도 있다. 굳이 이치를 따지자면 그렇게 말할 수도 있겠다.

하지만 인간관계에 문제가 많다는 것은 무의식에 여러 가지 문제를 안고 있다는 증거다. 무의식에 문제를 안고 있는 사람의 주위에는 그 사람을 이용하려는 사람이 있는 한편, 똑같이 무의식에 문제가 있는 사람도 몰린다. '내 주위에 문제가 있는 사람이 많다'는 생각이 든다면, '나에게도 문제가 있지 않은지' 스스로를 돌아보는 것이 바람직하다. 자신의 내면을 들여다보는 과정에서 무의식의 세계로 통하는 길이 열린다. 이 마음의 영역을 개척해 나가다 보면 무의식의 문제를 깨닫게 되고 편안함을 얻을 수 있다. 즉, 다른 사람들과 문제없이 소통할 수 있게 되는 것이다. 이에 대해서는 6장에서 보다 자세히 다루고자 한다.

자신의 마음을 개척하라

잔병치레가 잦은 사람도 무의식의 영역이 클 가능성이 있다. 고민거리가 있으면 애써 무시하려고 해도 말이나 행동에 드러나는 법인데, 그것이 몸의 증상으로 나타날 때도 있기 때문이다. 민감성 장 증후군이라는 병이 좋은 예다. 가면 우울증도 그렇다. 가면 우울증이란 우울증이 다른 병의 가면을 쓰고 몸의 증상으로 나타나는 병이다. 경우에 따라서는 편두통이라는 가면을 쓰고 나타나기도 한다.

아무것도 하지 않는데도 금세 피곤을 느끼는 사람 또한 마음의 문제가 몸의 이곳저곳에 나타나는 경우다. 마음의 갈등에 기력을 빼앗기고, 현실을 부인하느라 에너지를 소모하기 때문이다. 그런 사람은 자신의 마음이 생각보다 훨씬 크고 넓다는 점을 깨닫고, 프런티어를 개척하는 정신으로 마음속 의식의 영역을 넓혀 가야 한다. 마음을 개척하는 것은 미국의 서부 개척보다 흥분되는 일일지 모른다.

무의식에 여러 문제를 안고 있다면, 그만큼 살아온 과정이 힘들었음을 뜻한다. 이는 반대로 프런티어를 개척하는 정신으로 자기 내면을 살피고 수용해 나가면 앞으로의 인생은 즐거울 것이라는 반증이기도 하다.

그런 의미에서 복 받은 환경에서 자란 사람, 마음의 갈등이 없는 사람보다 노이로제에 걸린 사람일수록 마음속에 개척할 공간이 크고 넓다. 마음을 개척한다는 것은 다른 사람들과 소통하는 마음의 통로를 넓히는 일이다. 개척의 구슬땀은 분명 소통의 즐거움이라는 결실을 안겨 줄 것이다.

상대가 원하는 바를 파악하라

앞서 의사성장에 대해 설명한 바 있다. 사회적으로 잘 적응하고 있어 주위에서 보면 얼핏 제대로 성장한 사람처럼 보이지만 사실은 그렇지 않은 경우를 가리키는 말이다. 의사

성장한 사람이 그 사실을 깨닫지 못하면, 주위에 쉽게 불만을 터뜨리고 화를 잘 낸다. 그래서 부모가 된다 해도 육아에 실패할 수 있다.

그의 마음에 불만이 생기는 것은 '아무도 날 알아주지 않는다'고 생각하기 때문이다. 여기서 다시 한번 관계의 거리감에 대해 생각해 보자. 관계의 거리가 먼 사람들은 그가 심리적으로 얼마나 미성숙한 상태인지 알 수 없다. 반면 관계의 거리가 가까운 이들의 눈에는 그가 사회적으로는 어른이면서 심리적으로는 유아 상태인 것이 보이며, 이를 참기 어려워할 수 있다.

사람에 대한 평가는 상대에 따라 달라진다. 상대와의 심리적 거리에 따라, 그리고 상대가 어떤 사람이냐에 따라 사람은 각기 다른 모습으로 인식된다. 어떤 사람은 관계의 거리가 먼 사람에게는 좋은 사람이지만, 가까운 사람에게는 견디기 어려울 만큼 싫은 사람이 되기도 한다.

사실, 관계의 거리가 먼 사람에게는 상대의 사회적 적응성이 문제가 되지 정서적 적응성은 그다지 중요하지 않다. 먼 관계의 사람에게는 지금 눈앞의 상황이 순조로운지 아닌지가 우선적인 문제다. 상대와 사회적으로만 관계를 맺고 있을 뿐 정서적인 교류에는 소원하기 때문이다.

관계의 거리가 멀다 하더라도, 타인의 심리를 잘 간파하는 사람에게는 상대의 미성숙함이 보일 수 있다. 이 경우 의사성장한 사람의 심리적인 유아성에 맞추어 대처하면 갈등을 빚지 않을 수 있다. 하지만 가까운 사람에게는 이 방법 또한 궁극적인 해결책이 될 수 없다.

예를 들어 여자 친구에게 "나 잘나가는 사람이야. 난 엘리트 중의 엘리트라고!"라며 화를 내는 남성 작가가 있다. 그의 태도나 표정에는 이미 자신이 얼마나 대단한지를 드러내려는 욕망이 가득하다. 하지만 연애에서 문제가 되는 것은 훌륭한 문장력이 아니라 정서적인 성숙이다. 원고를 잘 쓰는 저자로서의 가치를 우선시하는 상대는 출판사 편집자다. 애인으로서는 정서적으로 안정되어 있는 사람이 더 바람직하다. 즉, 훌륭한 작가가 한편으로는 참을 수 없는 애인일 수도 있는 것이다.

최고의 학자나 경영자가 육아에 실패하는 것도 같은 이유에서다. 학문적 업적이나 사업상 실적과 자식 키우기는 전혀 별개의 문제다. 강의실을 가득 메운 학생들에게 최고의 스승인 사람이 연구실에 소속된 학생에게는 참을 수 없는 교수이고, 자식에게는 최악의 아버지일 수 있다. 사람의 가치와 의미는 이렇듯 상대와의 관계에 따라 달라진다.

회사에서 자신에게 요구하는 것과 가족이 자신에게 요구하는 바는 다르다. 또 같은 회사 안에서도 먼 부서의 사람이 요구하는 것과 같은 부서의 동료가 요구하는 바는 다르다. 따라서 상대가 자신에게 요구하는 바가 무엇인지 대상과 상황에 따라 명확히 이해할 수 있어야 한다. 그런 사람이 소통할 줄 아는 사람이다.

미국 〈ABC 뉴스〉에서 복권에 당첨된 사람들의 인생을 추적한 적이 있다. 결과를 보니, 대부분 복권에 당첨되었을 당시의 인간관계가 파괴되어 불행해졌다. 복권으로 부자가 되고 나서 자신이 누구에게 의미 있는 사람이었는지를 잊어버린 탓이다. 상대가 자신에게 무엇을 원하는지, 또 어떤 상대가 자신에게 의미 있는 사람인지 깊이 생각해 볼 일이다.

자신을 속이지 마라

설령 남에게는 거짓말을 하더라도 자신을 속여서는 안 된다. 그래야 인간관계가 크게 어긋나지 않는다. 의사성장한 사람도 자기 자신이 심리적으로 유아 상태에 머물러 있다는 사실을 안다면 사회적인 관계를 망가뜨리는 일은 없다.

스스로를 이해하면, 타인에게 숨겨 온 부분이 있다 하더라도 큰 문제가 되지 않는다. 심리적으로나 사회적으로 갈등을 빚지 않기 때문이다. 자기 자신을 속이지 않으면, 설사 다른 사람에게 거짓말을 하더라도 심각한 수준의 비극은 일어나지 않는다. 인간관계의 심각한 사건은 자신이 자기를 속이는 데서 비롯되기 때문이다.

좋은 관계를 원한다면 상대에 관심을 기울이자

상대에 관심이 없으면 상대를 볼 수 없다. 설마 하겠지만 제 아이의 표정을 모르는 부모도 있다. "쟤 요즘 영 식욕이 없는 거 아냐?"라고 말해 줘야 비로소 '그러고 보니 요새 잘 안 먹네' 하고 깨닫는 부모. 이런 부모는 제 자식인데도 아이에게 관심이 없다. 대화는 상대에게 관심이 있을 때만 가능하므로, 이런 상태에서는 부모와 자녀 간에 대화가 이루어지지 않는다. 자녀만 어린 것이 아니라 부모도 정서적으로 미성숙하기 때문이다. 자녀에 관심이 있었다면 '아이가 왜 식욕이 없는 걸까?' '아이가 왜 토라진 걸까?' 하고 먼저 생각했을 것이다.

관심이 없는 관계는 부모와 자녀 사이에서만 나타나는 것이 아니다. 학생과 교사 관계를 살펴보자. 교사가 학생을 지도하는 데도 관심은 반드시 필요하다. 기운 없이 시들시들한 학생을 보고 '왜 저리 힘이 없을까?' 하고 생각하는 것이 관심이다. 기운이 없는 학생에게 용기를 북돋아 줄 수 있는 교사는 학생뿐만 아니라 자기 자신에게도 관심을 갖는다. 이처럼 교사가 학생에 관심을 기울임으로써 소통이 이루어지는데 이 소통은 양측 모두를 위한 일이므로, 결국 학생은 물론 교사 자신을 위하는 길이 된다. 시무룩한 학생을 보고 무조건 강단이 없다고 치부한다면 학생에 관심이 없는, 즉 소통에 관심이 없는 교사다.

회사 내 상사와 부하 직원의 관계를 예로 들어 보자. 부하 직원이 상사에게 호된 꾸중을 들은 다음 날에도 "안녕하세요?" 하고 밝게 인사를 건넨다면 소통에 관심이 있는 것이다. 상사에 관심이 있는 부하 직원은 상사에게 싫은 소리를 들었을 때 우선 '원인이 무엇인가'를 생각한다. 그리고 '이 사람에게는 이렇게 대하면 안 되겠구나' 하고 깨닫는다. 그런 과정이 곧 소통으로 이어진다.

집착하는 사람과 잘 잊어버리는 사람

상대가 집착하는 성격인가, 잘 잊어버리는 성격인가에 따라 상대를 대하는 법은 달라져야 한다. 집착하는 사람이라고 하면 흔히 자신이 받은 피해를 언제까지나 철저하게 기억하는 사람을 떠올릴 것이다. 그와 반대로 자신이 받은 피해나 비판을 말끔히 잊어버리고 아무 일도 없었던 듯 행동하는 사람도 있다. 자신이 비난받은 것은 물론이고, 싸우며 상대를 나무란 일도 전부 잊어버리는 사람이다. 이런 사람은 "여자 혼자 사는 건 너무 힘들어", "주위 사람들은 무엇 하나 도와주지 않아"라고 푸념한다. 그러면서도 자신이 무엇에 대해 왜 푸념하고 있는지조차 잊어버린다. 이런 사람들은 집착 성격과는 거리가 먼 경우가 대부분이다.

또한 개중에는 상대가 어떤 사람인가는 생각도 않고, 자신이 남에게 준 피해만 생각하며 언제까지고 괴로워하는 사람도 있다. 자신의 과실이 상대에게 폐를 끼쳤다는 사실을 끝없이 자책하며, 빚진 기분에서 벗어나지 못하는 것이다. 그런데 상대는 다투는 과정에서는 화를 내고 비난했지만 시간이 지나면서 이미 그 일을 잊었다. 이 역시 상대가 어떤 사람인지를 몰라 소통이 제대로 안 된 경우다.

좋은 일도 마찬가지다. 상대는 자신이 누군가에게 도움을 주었다는 사실조차 이미 잊었지만, 그는 상대에게 받은 은혜에 대해 끝없이 몸 둘 바 몰라 한다. 마음과 마음이 접촉점을 찾지 못한 것이다. 이런 사람들은 성장 과정에서 부모가 자녀의 잘못을 용서해 줬다는 사실을 몇 번이고 되새기게 한 경우가 많다. 그래서 세상 사람이 모두 베푼 은혜에 생색을 내고 언제까지나 기억할 것이라고 생각한다. 우울증에 걸리는 사람들도 이와 비슷하다. 상대가 크게 베푼 것도 아닌데 은혜를 입었다는 짐을 지고 살아가는 경우가 많다. 스스로 자신의 목을 조이는 것이다. 그래서 빚진 느낌을 받지 않아도 될 일에 대해 큰 빚을 졌다고 느끼며 살기 일쑤다.

mindfulness, 알아차림

하버드대학 심리학과 교수 엘런 랭어Ellen J. Langer는 사람마다의 특성과 차이를 구별해 내는 것을 '마인드풀니스mindfulness'라 부른다. 우리말로는 '알아차림'이라 해석된다. 랭어 교수는 대상에 적극적으로 주의를 기울이고 염두에 두는mindful 태도는 인생의 갈등을 눈에 띄게 감소시킨다고 말한다. 올바른 소통을 위해 명심해야 하는 말이다. 소통의 상대는 매번 각기 다른 사람이므로, 그 차이를 제대로 인식해야 한다.

그런데 상대를 보지도 않고 상대의 마음에 들려고 하는 사람이 있다. 그래서는 소통이 잘 될 리 없다. 상대가 내 편인지 적인지 판단해 보지 않고 그저 상대의 마음을 얻으려는 생각, 그리고 상대가 나를 소중하게 여기는 사람인지 이용하려는 사람인지 생각해 보지 않고 무조건 상대에게 좋은 사람이 되고 싶다는 생각은 위험하다.

자신이 접하는 상대가 각기 다른 사람이라는 사실을 인정하자. 그중에는 행동이 자연스러운 사람도 있고 부자연스러운 사람도 있다. 무언가 부자연스럽고 수상한 사람은 현실과 맞닿아 있지 않다. 쉽게 말해 지금 있는 자리에 마음을 집중하지 않는다는 의미다. 이런 사람은 기본적인 욕구가 충족되지 않으면, 욕구불만에만 온정신을 빼앗긴다. 때문에 나에게 전혀 관심을 두지 않는 것은 당연한 이치다.

소통에 능하지 못한 사람은 자신에게 관심이 없는 사람과 관심을 기울여 주는 사람을 똑같이 대한다. 쉽게 말해 상대가 사람이든 전봇대든 같은 태도로 말을 거는 것이나 다름없다. 이러한 사람에게는 살아가는 데 가장 중요한 능력, 즉 소통 능력이 결여되어 있다. 따라서 **소통 능력을 키우려면 상대를 주의 깊게 관찰하고, 상대의 본심을 '알아차려야'** 한다.

나르시시스트의 선의

어느 연회장. 이미 술이 가득 찬 잔을 든 주빈의 주위에 술병을 든 사람들이 늘어서 있다. 주위 사람들은 "드세요, 어서요."라고 말하며 너도나도 술을 따르려 한다. 주빈은 하는 수 없이 잔에 입을 대는 시늉을 한다. 그러자 기다리던 누군가가 그 잔에 얼마간의 술을 더한다. 잔에는 곧 술이 흘러넘치기 직전까지 차오른다. 주변에서는 여전히 "어서 드세요."라며 줄줄이 술을 따를 기세다. 잔에 담긴 술은 조금도 줄지 않고, 주빈은 더 이상 술을 마시고 싶지 않다. "죄송해요. 지금은 못 마시겠어요."라고 거절하는데도, 1분도 지나지 않아서 또다시 "안 드세요? 드세요"라며 주위 사람들은 안달이다.

그 자리가 마련된 경위를 생각하면, 틀림없이 주변 사람들은 주빈에게 악의를 품고 괴롭히려는 것이 아니다. 그야

말로 선의에서 우러나온 행동이다. 하지만 주빈은 곤란해한다. 술을 따라 주려는 사람들은 비록 선의에서 하는 행동이라고 해도, 상대를 전혀 배려하지 않는다. 술을 마시라는 그들의 권유는 선의라고 하면서 상대가 싫어하는 일을 끝끝내 강요하는 행위일 뿐이다. 상대를 배려하지 않는 선의는 괴롭힘으로 변질된다.

주빈은 결국 단호하게 말한다. "이제 됐습니다. 더는 마시지 않겠습니다." 그래도 몇 분 지나자 술을 권하는 사람들이 다시 줄을 잇는다. 주빈은 끝내 기분이 상한다. 그러자 주위 사람은 불안해하며 "어쩌나, 기분이 상하셨나 보네. 자, 한잔 드세요"라며 또다시 술을 따르려 한다. 술잔에는 술이 줄지 않고 흘러넘치는데, 들리는 소리는 "쭉 드세요"밖에 없다. 이 때문에 주빈이 고통을 느낄 때, 술을 권하는 사람도 불쾌감을 느끼기는 마찬가지다. '세상에, 이렇게 권하는데 좀 마시지 않고'라고 생각하기 때문이다. 상대가 무엇을 원하는지 모를 때는 아무리 웃는 얼굴로 대하더라도 심리적으로는 거리가 멀리 떨어져 좀처럼 좁혀지지 않는다.

이것이 나르시시스트의 선의다. 열심히 노력해도 계속 문제가 생긴다. 나르시시스트는 그때마다 상대를 괘씸하게 여길 뿐 '왜 문제가 생기는지'를 이해하지 못한다.

선의가 문제를 일으킬 때

부모나 교사가 나르시시스트의 선의를 베풀면, 자녀나 학생이 문제를 일으킬 수 있다. '내가 이렇게 정성을 다하는데!' 라고 생각하며 자녀나 학생을 채근하기 때문이다. 하지만 자신의 행동을 상대의 입장에서 이해하지 못하면, 선의나 정열은 아무 의미도 없을 뿐만 아니라 인간관계에 장애가 된다. 어느 한쪽의 독선적 선의는 때로 상대에게 참을 수 없는 강요가 된다.

특히 부모와 자녀처럼 물리적으로 가까운 관계에서는 어느 한편이 신경증 증세를 보일 수 있다. 예를 들어 부모가 자녀에게 어리광을 부리면서도 스스로 그 사실을 인지하지 못하는 경우가 그러하다. 애착 이론 연구의 권위자 존 볼비가 확인한 대로 '역할 전환'이 일어났을 때가 대표적이다. 자녀로서는 가장 참을 수 없는 관계 중 하나일 것이다. 이처럼 부모와 자녀 사이에 '역할 전환'이 일어나면 아이는 신경증을 일으킬 수 있다.

부모와 자녀 사이라고 해도 심리적 거리는 지구와 달 사이만큼 멀고, 어긋난 관계일 수 있다. 부모와 자녀 모두 무의식의 영역이 매우 크다면, 선의의 행동에도 서로 고통을 느끼게 되고 결국에는 마음 약한 쪽이 신경증을 일으킨다.

좋은 의도로 애쓰는데도 계속 인간관계에 문제가 생길 때는 자신을 돌아보며 자기 마음의 중심이 어디에 있는지를 살펴야 한다. 즉, 자신의 행동 동기가 '상대에게 미움받지 않게'라든지 '비난받지 않게'라든지 '상대의 마음에 들게'라는 심리에서 비롯되지는 않았는지 분석해 볼 필요가 있다. **선의를 갖고 열심히 노력했는데도 계속 문제가 발생한다는 것은 그 사람이 상대의 감정을 전혀 생각하지 않고 있다는 증거이기 때문이다.**

선한 사람에게 친구가 없는 이유

어떤 사람은 전화를 할 때도 통화 상대에게 폐가 될까 봐 금방 끊어 버린다. 우울증에 걸리기 쉬운 멜랑콜리 친화형*이거나 집착이 강한 성격이 특히 그렇다. 자신이 남에게 폐

독일의 정신과의사인 후베르투스 텔렌바흐(Hubertus Tellenbach)가 제안한 개념. 우울 친화 성격이라고도 한다. 질서를 중시하고 꼼꼼하고 완벽주의적인 경향이 강하며, '주위 사람이 있고 내가 있다'는 식으로 대인 관계를 맺는 특징이 있다.

를 끼치지는 않을까, 상대가 나를 싫어하지는 않을까 걱정하여 과도하게 신경 쓰는 것이다. 이런 사람들은 상대에게 폐를 끼치지 않으려고 금방 전화를 끊지만, 오히려 상대에게 냉정한 사람이라는 인상을 주게 된다.

선한 사람임에도 불구하고 친한 사람이 생기지 않는 것은 상대에게 민폐를 끼치지는 않을까 걱정하느라 소통하지 못하기 때문이다. 이는 과도한 방어 의식이다. 소통 능력을 발전시키려면 그런 과도한 방어 의식을 버려야 한다. 금방 전화를 끊는 사람은 마무리 인사말도 없이 어떻게든 빨리 전화를 끊으려고 한다. 그러나 헤어질 때 자연스럽게 하는 말, 예컨대 "건강 조심해"라거나 "내일 보자"라거나 "다음에 또 뵈었으면 좋겠어요"라는 말은 그 자체가 곧 소통이다. 헤어진 다음에는 "지금 집에 도착했어요"라는 말 한마디면 충분하다. 소통하지 못하는 사람은 간단하지만 중요한 그 말을 할 줄 모른다. 상대를 좋아하면서도, 정작 상대가 원하는 바가 무엇인지는 알지 못한다.

누군가와 친구가 되는 것은 어려운 일이 아니다.

자신의 감정을 감추거나 꾸며 내지 않고

솔직해지면 된다.

기쁠 때 '기쁘다'고 솔직히 말할 수 있을 때

친구는 자연히 따라온다.

5장

비극을
초래하지 않으려면

고통을 넘어서야 소통할 수 있다

지금까지 나는 소통 능력이 없어 일어나는 비극에 대해 많은 사례를 들어 이야기했다. 만약 자신이 그런 사례 또는 그와 비슷한 경우에 해당된다 하더라도, 자신에게 문제가 있다고 자책할 필요는 없다. 누군가 무의식에 문제를 안고 있는 데는 그럴 만한 이유가 분명히 있다. 어느 누구도 자신이 원해서 문제를 끌어안고 있는 사람은 없다. 그럴 만한 성장 환경에서 자랐기 때문에 어쩔 수 없었던 것이다.

무의식에 문제를 안고 있는 사람도 지금 이 순간까지 열심히 노력하며 살아왔을 것이라 확신한다. 필사적으로 성실하게 노력해 왔을 테니 자신을 책망할 필요는 없다. 자책은 문제의 해결책이 아니다. 그저 자신의 무의식이 눈앞에 벌어진 비극의 원인이라는 사실을 인정하면 된다. 물론 그 점을 인정한다고 해서 바로 마음이 편안해지지는 않는다. 오히려 오랫동안 좌절하고, 불쾌한 기분을 맛보고, 슬퍼하고, 심지어는 죽고 싶어지기도 할 것이다. 하지만 그런 부정적인 감정들이 흘러가고 나면 해결의 실마리가 보인다.

그 과정에서 '신이시여! 이제 그만 좀 봐 주십시오'라고 기도하고 싶은 기분이 들 수도 있다. 그 고통을 꾹 참고 넘어서야만 최종적으로 심리적 편안함을 얻을 수 있다. 어려움을 넘어섰을 때 비로소 시야가 넓어지고, 소통 능력이 생긴다. 소통 능력이 없어 경험해야 했던 불행한 과거가 즐거운 기억으로 바뀔 수는 없겠지만, 불행은 전화위복의 시작점이다. 세상의 모든 '나쁜 일'은 발전할 수 있는 계기를 제공하지 않던가? **불행을 전환점으로 삼아 무의식을 의식화하는 것은 귀중한 자기실현이다. 그러니 인간관계의 소통과 관련해서 '불행'한 경험을 하게 되면 의식하지 못했던 자신을 발견하는 계기로 삼자.** 자기 내면의 문제를 인정함으로써 무의식을 의식화할 수 없다면, 자신은 물론 상대도 이해할 수 없다. 그렇게 되면 소통 능력은 언제까지나 제자리에 머물고 말 것이다.

공포감과 분노의 상관관계

"어머니는 배타적인 충성을 요구하기 때문에 어떤 다른 사람이나 다른 일에도 '관심'을 기울여서는 안 된다."(에리히 프롬,《인간의 마음The heart of Man》)* 이런 식으로 배타적인 충성을 요구받으며 자란 사람과 무방비 상태로 자란 사람의 큰 차이에 대해 생각해 보자.

사람은 성장기에 애착 인물과 멀리 떨어진 무방비 상태를 경험함으로써 마음이 성장한다. 그런데 이 시기에 애착 인물에게서 '배타적인 충성을 요구'받으면 무방비 상태가 될 수 없다. 남에게 항상 방어적인 자세만 취하다 보니 다른 삶의 방식이 있다는 것을 모르기 때문이다. 프롬은 '배타적인 충성을 요구'한다는 표현을 썼지만, 심리적으로 표현하면 '죄의식을 느낀다'는 의미가 될 것이다. 배타적인 충성을 요구받았을 때 그 요구를 충족시키지 못하면 죄의식을 느낀다. 다시 말해, 항상 두려움을 느끼게 되는 것이다. 이런 상황에서는 마음이 성장할 수 없다.

아이에게 배타적인 충성을 요구하는 환경에서는 아이에 대한 보호와 안전이 보장되지 않는다. 이렇게 되면 아이는 기본적인 욕구를 전혀 채울 수 없을 뿐만 아니라 오직 공포감밖에 느낄 수 없다. 어릴 때부터 죄의식을 느끼고 공포감을 안고 살아간다는 것은 생지옥에 있는 것과 같다.

이 공포감이라는 지옥은 다양한 부작용을 낳는데, 그 첫

어머니에 대한 고착이 강렬하면 어머니 같은 존재 이외의 다른 사람에게 사랑, 관심을 느끼거나 충성하는 것을 죄로 받아들이는 등 독립성이 발달하지 못한 인물로 자란다는 것. 필자는 이른바 '고착'이 해로운 형태로 나타나는 예로 인용하였다.

째가 분노를 억압하는 것이다. 무섭기 때문에 모든 것을 양보하고 희생하며, 빼앗기고 싶지 않은데도 빼앗긴다. 그 결과 원치 않는 희생을 할 때마다 분노가 차곡차곡 쌓인다. 하지만 두려움 때문에 그 분노를 표출할 수 없다. 그래서 공포감으로 괴로워하는 사람은 계속해서 분노를 쌓아 둔다. 공포감과 분노의 상관관계가 중요한 이유가 여기에 있다.

프리다 라이히만Frieda Reichmann*은 "사랑받지 못한 사람은 대상 무차별적으로 사랑을 갈구한다"고 지적했다. 맞는 말이긴 하지만 '사랑받지 못했다'는 말은 정확히 말하면 '시달려 왔다'는 의미가 될 것이다. 그저 '사랑이 모자랐다'는 말로는 단순한 무시 그 이상의 의미를 담지 못한다. 하지만 이걸로는 뭔가 부족하다. 대상 무차별적으로 사랑을 갈구하는 사람은 '사랑을 못 받았다'기보다 '줄곧 비난과 질타에 시달려 왔다'고 해석해야 한다.

대상 무차별적으로 사랑을 갈구하는 사람은 공포감을 안고 살아간다. 그래서 때로 불면증에 시달리기도 한다. 어

미국의 저명한 정신분석학자. 에리히 프롬은 프리다 라이히만의 연구소에 들어가면서 정신분석의 길로 접어들었으며, 둘은 짧은 결혼 생활을 했다. 열악한 육아로 아이를 정신 분열에 이르게 하는 어머니라는 개념을 만든 것으로도 유명하다.

릴 때부터 화를 쌓아온 데다 외톨이로 자란 사람은 그 누구에게서도 보호받은 경험이 없다. 그것이 분노로 이어져 수면을 방해하는 것이다. 그들은 분노로 괴로워하면서도 한편으로는 두려워한다. 분노와 공포감은 둘 다 좀처럼 의식화하기 어려운 것이지만, 공포감은 분노보다 더 눈치채기 어렵다. 따라서 불면증에 시달릴 때는 자신의 무의식에 얼마나 심각한 공포감이 자리하고 있는지 자각할 필요가 있다. 자신의 내면을 들여다보고 무의식의 영역을 개척함으로써 공포와 분노를 의식의 세계로 끌어내야 한다.

정보교환은 의사소통이 아니다

타인과 정상적인 의사소통을 하지 못하고 단순한 정보교환만을 하고 있다면 심리적으로 마이너스인 상태다. 출생 이후 바람직한 방향으로 성장하지 못하면 소통에 실패하게 되는데, 태어났을 때의 심리 상태보다 나빠진다는 의미에서 마이너스라고 하는 것이다.

애착 인물로부터 무방비 상태가 된 아이는 감정이 생기고, 성장하고, 심리적으로 건강한 어른으로 자란다. 반대로 부모에게서 '배타적인 충성을 요구'받은 아이는 심리적으로 마이너스인 상태가 되어 간다. 즉 신경증적 성향이 강한 사람이 된다. '배타적인 충성을 요구'받은 사람은 갈수록 소통 능력을 잃는다. 주위 사람에 관심을 두기 어렵기 때문에 소통이 불가능해지는 것이다. "흔히 이런 남성들은 가장 해롭지 않은 관심을 쏟으면서도 양심의 가책을 느낀다."(에리히 프롬, 앞의 책)

어릴 때 자신이 느낀 바를 자유롭게 말할 수 있어야 의사소통 능력이 생긴다. 이는 아마 누구나 공감하는 부분일 것이다. 자신이 느낀 바를 무서워서 말하지 못하는 인간관계에서는 소통이 불가능하다. 어린 시절에 그러한 환경에서 성장한 사람은 어른이 되어서도 타인과 어떻게 의사소통해야 하는지 알지 못한다. 또한 누구를 만나더라도 상대에게 '배타적인 충성을 요구'받는다고 착각해 처음 만난 못된 사람에게도 배타적인 충성을 보이려 한다.

사람이 **심리적으로 성장할 수 있는지의 여부는** 순전히 성장기에 **자유롭게 의사소통할 수 있었는지에** 달려 있다. 심리적 거리에 걸맞은 자기 노출을 할 줄 알아야만 비로소 타인과 정서를 교류할 수 있다. 그럴 수 없다면 단순한 정보교환밖에 하지 못한다. 하물며 타인에게 약간의 관심을 기울인 것만으로도 죄의식을 느낀다면, 자기 노출은 논할 수조차 없다. 자기 방어에만 급급해서는 정서적인 의사소통은 불가능하다.

프롬은 어머니 고착 단계가 극에 달할 경우 '근친상간적 공생' 관계가 형성된다고 말한다. 여기서 말하는 공생이란 "그 사람 없이는 살 수 없으며, 그 관계가 위협받으면 극도로 불안해하고 두려워하는" 관계다.(에리히 프롬, 앞의 책) 그런 관계의 상대가 '배타적인 충성을 요구'한다면 어떻게 될까? 타인에게 관심과 흥미를 전혀 갖지 못한다기보다 타인이라는 존재 자체를 아예 의식하지 못하게 된다고 해야 할 것이다. 상대에 고착된 사람은 상대와 분리되는 것에 대한 공포심 때문에 타인에게 관심을 기울이지 못한다. 그리고 그러는 사이에 마음속에서 타인은 사라지고, 공생의 상대만이 존재하게 된다. 물론 이 의존관계에서 의사소통 따위는 없다. 공생이 지속되는 사이 이 사람의 심리적 성장은 멈춘다. 아니, 아예 마음이 사라진다고 해야 옳을 것이다.

성장기에 '심리적 무방비'를 경험할 수 있었는가

앞서 '어머니 고착 단계가 가장 심각한 경우'를 언급했는데,

그 전 단계의 사람 또한 이미 의사소통이 불가능한 상태다. 프롬은 이를 신경증적인 근친상간적 고착의 제2단계라 부르며, 이 단계에서 "사람은 이미 자신의 독립성을 발전시킬 기회를 놓쳤다"고 했다.(에리히 프롬, 앞의 책)

고착의 대상은 어머니가 아니라 아버지일 수도 있다. 프롬은 어머니 고착이라고 부르지만, 나는 여기서 말하는 어머니 고착이란 생물적 개념으로서의 어머니를 가리키는 말이 아니라 고착의 대상이 되는 상대를 뜻한다고 본다. 즉 자신을 나쁘게 여길까 봐 극도로 두려워하는 대상이다. "그는 자신의 아내이자 어머니인 이 여성의 눈이 닿지 않는 곳에서는 그 어떤 일도 할 수 없는 죄수라도 된 듯, 아내를 화나게 할까 봐 끊임없이 걱정하고 두려워한다."(에리히 프롬, 앞의 책)* 프롬은 아내와의 관계라고 서술했지만, 이 구절은 어머니 또는 아버지와의 관계에도 동일하게 적용할 수 있다.

이 같은 고착 관계에서는 의사소통이 없다. 의사소통이 없을 뿐만 아니라 소통 능력 자체가 파괴되어 있다. 이러한 환경에서 자란 아이는 사람을 무서워하기 때문에 어른이

어머니에 대한 고착이 심해(근친상간적 고착 2단계) 어머니와 꼭 닮은 여자를 아내로 고르는 남자의 심리를 프롬의 저서에서 인용한 것.

되어서도 타인과 의사소통할 수 없다.

반면에 어릴 때 안정적으로 심리적 무방비 상태를 경험하면 그 경험을 토대로 의사소통 능력이 길러지고 마음이 성장한다. 더불어 타인에 대한 관심도 생기고, 자아도취도 극복되며, 쉽게 상처받지 않는 사람이 된다. 그래야만 칭찬받지 않더라도 활기차게 행동하고 좌절하지 않는 사람이 될 수 있다. 그런 사람으로 성장하기 위해서라도, 성장기에 심리적 무방비 상태를 경험할 수 있는 환경이 꼭 필요하다.

인생의 출발 지점은 각자 다르다

"완전한 인간 존재로서 타인을 체험할 수 없다."(에리히 프롬, 앞의 책) 사람은 심리적 무방비 상태를 통해 안도감을 느낀 경험이 있어야만 타인에게 자신을 내맡길 수 있다. 마더 콤플렉스가 있는 남성은 어머니가 아닌 상대, 심지어 아내에게 관심을 기울이는 일에도 죄의식을 느낀다. 관심을 기울이는 일이 의사소통에서 매우 중요한 요소임에도 그럴 수 없다는 것은 인간관계를 맺는 데 큰 장애가 된다.

이와 반대로 결코 어머니를 두려워하지 않고 '엄마가 나를 이해해 줄 것이다'라고 믿으며 자라는 사람도 있다. 그렇게 안정적인 지지를 받으며 자란 사람은 삶이 순탄하다. 그 마음이 든든한 지지대가 되어 주기 때문이다. 앞에서도 이야기했다시피 자신이 소통하지 못하는 사람이라고 해서 스스로를 책망할 필요는 없다. 사람이 소통하는 법을 깨닫지 못하는 이유는 그 자신에게 있는 것이 아니라, 그를 둘러싼 환경에 있을 수 있기 때문이다.

사람은 각자 인생의 출발 지점이 다르다. 그런데 표면적으로는 모두 같은 데서 출발한다는 인식이 널리 퍼져 있다. 그래서 '일정한 나이가 되면 이 정도는 할 수 있다'는 기준치가 존재한다. 하지만 마음을 기점으로 삼으면 각자의 출발 지점은 하늘과 땅만큼 차이가 난다. 통상적인 출발 지점보다 훨씬 앞선 곳에서 출발하는 사람도 있고, 크게 뒤처진 상태에서 출발하는 사람도 있다. 이를테면 사랑이 많은 엄마에게서 자라는 것과, 아이에게 무관심한 엄마에게서 자라는 경우가 그러하다. 어떤 엄마에게서 태어나는가는 아이가 선택할 수 없는 문제다. 학대받고 자란 아이가 있는가 하면, 엄마다운 엄마 밑에서 자란 아이도 있다. 학대받은 아이는 커서 자신도 똑같이 학대하는 어른이 될 수 있다. 반면에 사랑받고 자란 아이는 타인을 사랑할 줄 안다. 또한 마음의 가책과 죄의식을 느끼며 자란 아이가 있는가 하면, 끊임없이 격려를 받으며 자란 아이도 있다. 고지식한 성격으로 거짓말을 못하고 바른 행동을 하지만 자신의 말이 항상 의심받는다고 느끼며 성장하는 사람이 있는가 하면, 거짓말을 하면서도 남들이 자신의 말을 100퍼센트 믿는다고 생각하며 자라는 사람도 있다. 의심이 많은 부모 밑에서 엄격하게 자란 사람은 두려움 때문에 거짓말을 못하고 언제나 마음을 졸이게 된다. 이런 사람은 머릿속에서 공포 회로가 활발하게 작동해 남보다 훨씬 정직하게 살면서도 늘 남을 겁낸다.

인생은 불공평하다. 그것은 불멸의 진리다. 이러한 불변의 진리를 받아들이지 않을 때 삶이 불행해지는 것은 자명하다. 어떠한 운명이든 그 운명은 태어날 때부터 자신의 것이다. **중요한 것은 앞으로 어떻게 해 나가느냐 하는 것이다. 지금의 불행을 받아들일 때 행복의 길은 열린다.**

누가 그를 '묻지 마 범죄'로 내몰았나

2008년 6월, 도쿄 아키하바라에서 이른바 '묻지 마 범죄'가 발생해 사회적으로 큰 파장을 일으켰다. 파견 계약직 근로 자였던 당시 25세 남성 가토 도모히로加藤智大가 저지른 잔혹한 살인 사건이었다. 이 사건은 휴대전화 전용 인터넷 게시판에 약 1,000건의 글을 남겨 온 범인이 사건 당일 범죄예고 후 실행에 옮겨 화제가 된 바 있다.

그는 "아키하바라에서 사람을 죽일 겁니다"라는 제목으로 "차로 들이받고, 차를 못 쓰게 되면 나이프를 쓰겠습니다. 여러분, 안녕히"라는 글을 쓴 그날, 트럭을 몰고 인파를 향해 돌진했다. 그리고 차에서 내려 미리 준비한 흉기로 무차별적인 살인을 저질렀다. 행인 7명이 사망하고 10여 명이 부상당한 잔혹한 범죄였다.

범인이 인터넷에 올린 글을 되짚어 보면서 의사소통을 할줄 모르는 사람의 심리를 분석해 보자. 범행에 사용한 나이프를 사러 간 날, 범인은 "쇼핑 완료. 달랑 이거 하나 사러 왕복 차비 2만 엔이라니 바보지요? 점원이 친절했다. 인간과 이야기를 나눈다는 게 좋다"고 썼다. 한 인간으로서 타인과 이야기하는 것이 좋다고 했다.

물건을 사는 동안 그는 단순한 손님이었다. 점원과 이야기를 나누는 동안 그는 학력 콤플렉스에 시달리는 열등한 인간도 아니었고, 언제 잘릴지 모르는 파견 계약 사원도 아니었다. 중학생 때는 잘나가다가 고등학교 졸업 후로는 실패만 거듭한 남자도 아니었다. 그저 자기 자신으로서 점원과 대화했다. '이런 짓을 하면 상대가 화를 낼 거야'라든지 '이런 말을 하면 상대는 상처를 받겠지' 같은 걱정을 할 필요가 없는 평범한 대화였다. 대화하면서 기분이 좋은 경우는 서로 신뢰할 수 있는 관계일 때거나, 신뢰가 전혀 필요 없는 관계일 때다. 신문 가판대 점원에게서 "안녕히 가세요"라는 말을 들으면 기분이 좋다. 서로 간에 복잡하게 얽힌 감정이 없기 때문이다. 그런 대화는 아무리 해도 피곤하지 않다. 관계가 서로 가까워질수록 사람들은 모순을 포함한 갖가지 감정을 드러낸다. 때로는 분노하고 때로는 감정을 억누른다. 이런 관계에서는 감정 상태가 무無가 될 수 없다.

여자 친구보다 엄마를 원했다

가토 도모히로에게 진정한 대화를 나눌 수 있는 사람이 있었다면, 그런 비참한 사건을 일으키지 않았을지도 모른다. 누군가와 진정한 대화를 나눌 수 있었다면, 그의 자아도취는 자취를 감췄을 것이다. 아키하바라에 간 6월 7일 그는 온라인 게시판에 "옆자리가 비었는데도 안 앉던 여자. 그다음 자리가 비니까 가서 앉았다. 역시 나를 좋아하는 사람은 없구나. 이런 일을 당하면 상대를 확 죽여 버리고 싶다"는 글을 올렸다. 그는 상대가 자기를 싫어한다고 혼자 단정 지었다. 그러나 그런 심리 상태였다고 하더라도 일상으로 돌아왔을 때 곁에 어머니가 있고 친구가 있었다면 상황은 달랐을 것이다. "내가 그렇게 싫은가?"라는 물음에 "그럴 리가 있니" 하고 따뜻하게 말해 주는 사람이 있었다면 그의 분노가 참극으로 치닫지는 않았을 것이다.

나이프를 산 후 그는 마음의 안정을 찾았다. "어릴 때부터 억지로 '착한 아이'인 척 살아야 했으니 남의 눈을 속이는 데는 익숙하다. 미안해요, 점원 아저씨. 무사히 연장도 손에 넣었으니 준비 완료!" 이 글을 올린 시각이 6월 7일 오후 3시 35분. 오후 7시 36분에는 "죽을 각오라면 못할 짓이 없다"는 글을 올렸다. 그리고 "'죽을 각오라면 못할 짓이 없다'는 건 죽지 않고도 뭐든 할 수 있는 사람이 할 말이군요. 더 흥분될 거라 생각했지만, 의외로 차분한 자신에게 놀람. 중단은 없다. 중단하고 싶지 않다"는 글을 올렸다. 보통 "죽을 각오라면 못할 짓이 없다"는 말은 죽음을 각오하고 대의를 위해 나설 때 하는 말이다. 만약 그가 동료 파견 계약직 사원들을 위해 불의에 맞서려고 이런 말을 했다면, 결연한 의지가 더욱 굳건해졌을 것이다.

하지만 그는 파멸형 인간이었다. 그가 생각한 '죽을 각오'의 의미는 바람직한 방향이 아니었다. 그래서 차분해졌던 것이다. 그는 여자 친구가 있으면 좋겠다고 했지만, 그에게 정말 필요했던 존재는 여자 친구가 아니라 어머니 같은 상대였다. 자신을 전부 받아들여 줄 상대가 필요하다. 그것이 그가 말한 '행복해지고 싶다'의 의미였을 것이다.

이야기하고 나면 편해지는 인간관계가 사라졌다

파견 계약직의 근로조건이 열악하다지만, 아무리 열악한 상황이라 해도 어머니 같은 존재가 곁에 있다면 견딜 수 있었을지도 모른다. 불투명한 미래를 사는 계약 사원이 넘쳐 나는 세상에서, 가토 도모히로 역시 그중 한 명이었을 뿐이다. 그런데 그에게는 해고되어도 "괜찮아"라고 말해 줄 사람이 없었다.

앞에서도 언급했다시피 사람은 대화를 나누며 살아가는 존재다. 무조건 이야기만 나누면 대화라고 생각하는 사람이 있지만, 대화를 나누는 사이에서 중요한 점은 '이야기하고 나면 편해지는 관계'인가 아닌가 하는 것이다. 같은 이야기라 해도 "너, 이제 어쩔래? 응?" 하며 책망하는 말들, "큰일이다. 너 참 안됐다"는 식의 이야기는 마음을 나누는 대화가 아니다. 그런 말을 하는 상대는 '이야기하고 나면 편해지는' 관계가 아니다. 반대로 빈말이라도 "걱정하지 마, 힘내"라는 말을 하는 사람은 듣는 상대에게 힘을 주고, 마음을 구원해 준다.

가토 도모히로가 무차별 살인을 저지르는 지경에까지 이른 것은 절대로 그가 파견 계약 사원이어서가 아니다. 파견 계약 사원은 그 외에도 무수히 많기 때문이다. 굳이 그 사실을 원인과 연결시킨다면, 정확히 말해 이야기하고 나면 편해지는 인간관계가 없는 파견 계약 사원이었다는 점이 사건의 발단일 것이다. 그의 글에 대해 "2교대 공장 근무가 사회 밑바닥이라고 생각하지는 않는다"고 반박의 글을 쓴 사람이 있었다. 이 글을 쓴 사람과 범인의 다른 점은 힘이 되는 대화 상대가 있고 없고의 차이라 짐작해 본다. 댓글을 쓴 사람에게는 이야기하고 나면 편해지는 인간관계가 있었기에 범인과는 다른 관점에서 생각할 수 있었을 것이다.

친구가 많아도 고독한 젊은이들

대화가 중요하다는 말은 그냥 하는 소리가 아니다. 요즘 사람들은 마음의 갈등을 제대로 배출하지 못한다. 정의를 빌미로 꺼내는 말도 그저 자신의 불만을 토로하는 데 지나지 않는다. 여러 번 강조하지만, 그저 아무 말이나 한다고 해서 소통이 이루어지는 것은 아니다. 남을 욕하느라 열을 올린다면 '이야기하고 나면 편해지는' 대화를 나누는 것이 아니다. 그것은 해결해야 하는 문제를 팽개치고 험담을 즐기며 시간을 때우는 일에 불과하다.

"어느 누가 어쨌다더라"라는 식의 대화는 정작 현실적인 해결에 관해서는 이야기하지 않는다. 이야기를 나누고는 있지만 핵심에서 비켜나 있다. 사랑을 키우는 이야기, 상대를 이해하는 이야기, 바로 그런 것이 진정한 대화다.

현대사회에서 아이들이 답답함을 느끼는 이유도 같은 데서 찾을 수 있다. 혹독한 경쟁 사회를 살아가야 하는 아이들은 진심에서 우러나오는 이야기를 나눌 친구를 원하지만, 정작 마음을 허락할 수 있는 친구가 없다. 친구라는 이름의 수많은 경쟁 상대 속에서 자신을 자기만의 틀에 고립시켜 버린다. 온기 없는 주위의 시선, 혼자라는 데서 오는 공포감은 고통의 근원이 된다. 아무리 친구가 많아도 자신이 고립되어 있다는 의식을 떨칠 수 없다. 함께 시간을 보내면서도 "너 이번 시험 잘 봤지? 좋겠다"라든지 "넌 머리가 좋아서 좋겠다" 같은 이야기만 나누다 보면 아이들은 결국 자기라는 껍데기 속에 갇히게 된다. 내가 상담했던 어느 학생도 그런 경우였다. 하지만 이 학생은 그렇다고 해서 술, 담배, 게임 같은 것에 휩쓸리고 싶지는 않다고 했다. 그를 지탱해 주는 것은 '먹는 것'과 '엄마의 편지'였다. 만약 이 상태에서 엄마의 편지가 없었다면 그는 어떻게 되었을까?

열등감을 직시하라

다시 아키하바라 사건의 이야기로 돌아가 보자. 사건이 일어나기 약 20일 전인 5월 20일, 어느 네티즌이 범인의 글에 "2교대 공장 근무가 사회 밑바닥이라고 생각하지는 않는다"는 댓글을 달았다. 이에 대해 가토 도모히로는 "인생에 즐거운 일이라고는 하나도 없다는 걸, 님이 알기나 해?"라고 답했다. 어딘가 비뚤어진 말투다. 그가 보다 솔직한 사람이었다면 "제 인생에 즐거운 일이라고는 하나도 없다는 걸

모르실 겁니다"라고 말했을 것이다. 그는 그런 다음 "하고 싶은 말이 있으면 확실하게 하라고. 어차피 인터넷이잖아"라고 덧붙였다. 자신도 온라인 세계에 빠져 있으면서, 한편으로 온라인 세계를 우습게 여겼다. 이런 심리 상태에서 자포자기하지 않는다면 오히려 그 편이 더 이상하다.

그가 쓴 글들을 보면 상대와 마음이 통할 수 있는 통로가 닫혀 있다는 것을 알 수 있다. 상대를 추궁할 때는 자신의 약한 마음을 극복하려는 심리가 작용한 탓인지 고압적인 태도가 드러난다. 이런 말투에는 힘들이지 않고 손쉽게 상대로부터 우월감을 느끼려는 의도가 작용하고 있다. 즉 열등감에서 도망치는 안이한 방법이다.

인간관계가 좀처럼 풀리지 않을 때는 소통의 본질을 생각해야 한다. 내가 틀린 것은 아닌지, 왜 진정한 소통이 안 되는지, 또 구체적이고 근본적인 소통, 혼이 실린 소통이 왜 이루어지지 않는지, 자신의 문제에서 도망치지 않고 진지하게 고민해 보아야 한다.

인터넷에서도 어리광쟁이는 기피 대상이다

가토 도모히로가 5월 29일에 올린 글은 이렇다. "나도 여자 친구만 있으면 모든 것을 참고 이겨 내고, 죽을 각오로 애쓸 거란 말입니다." 자신이 노력하지 않는 것을 남 탓으로 돌리는 말투다. 자신이 망가진 것은 '…… 때문'이라는 말로 책임을 떠넘긴다.

그의 글을 읽어 보면 글 속에 자기 자신이 없음을 알 수 있다. 베란 울프는 "신경증 환자는 대역代役을 원한다"고 지적한 바 있다. 가토 도모히로가 그렇다. 그는 자신이 노력하지 않는 이유로 '여자 친구가 없다'는 핑계를 내세웠다. 즉 자신이 애쓰며 살지 않는 것은 자신의 책임이 아니라고 회피하고 있는 것이다.

5월 30일. "못생긴 게 까칠하긴. 참 대단하다"는 어느 네티즌의 글이 올라오자 그는 "이건 나를 죽이는 행위입니다"라고 답했다. 그리고 다음 날인 5월 31일에 "다 죽어 버려!"라는 글을 올렸다. 전날의 글에 대한 어리광이다. 마치 어린아이가 "다 죽어 버려, 죽어 버리란 말이야!" 하고 떼쓰는 장면이 연상된다. 그런데 이렇게 쓰고 나니 반응이 없어졌다. 자신이 떼를 쓰자 사람들이 사라졌다. 그는 결국 온라

인상에서도 어리광을 피울 수 없게 되었다. 그와 '얽히다가는 큰일 나겠다' 싶어 모두 도망친 것이다.

그가 올린 수많은 글을 살펴보면 막말이라고 하기에는 뭔가 표현이 약하다. "이 새끼들"이라고 하면서도 "다 죽으면 좋겠는데"라고 말한다. "이 새끼들"이라고 내뱉을 정도면 "다 뒈져!" 정도의 거친 말이 이어지는 것이 앞뒤가 맞다.

6월 4일에 쓴 글을 보면 그가 심리적으로 자립하지 못했다는 점을 알 수 있다. "혼자 자는 외로움을 너흰 몰라"라는 글이다. 심리적으로 독립한 사람이라면 "혼자 자는 외로움은 아무도 모를 것이다"라고 적는다. 자기 정체성이 확립되지 못한 티가 드러나는 대목이다. 그의 어리광은 여기서 멈추지 않았다.

"스포츠카에 여자를 태운 놈을 봤다. 사고나 나면 좋을 텐데. 더러운 물건 보듯이 쳐다보지 말라고." 상대가 정말 그를 더러운 물건 보듯이 쳐다보았을까? 자신과 전혀 관계없는 일에도 관계가 있다고 생각하는 심리는 자기 망상이다. 스포츠카에 여자 친구를 태우고 싶다는 망상을 품고 있는 것은 바로 그 자신이다. 보통은 현실에서 그런 모습을 보면 부러움을 느끼는 것이 정상이다. 그런데 그는 '부러움'이 아니라 '이런 식으로 나를 바보 취급하는구나'라는 왜곡된 반응을 보였다.

의지도 바람도 없다면 소통할 수 없다

6월 5일. 그는 "둘러보면 언제라도 범죄를 저지를 수 있는 사람이 많은 것 같다"는 글을 올렸다. 자신과 같은 사람이 주위에 가득하다고 생각한 것이다. 살인은 무서운 일, 처음에는 그도 엄청난 일을 저지르는 것 같아 두려움에 떨었을 것이다. 하지만 '범죄예비군이 많은 것 같다'는 말을 하면서 '나만 그런 것은 아니다'라고 스스로를 안심시켰다.

그런 다음 범죄예비군의 대표로서 일을 저질렀다. 그는 범죄에 일종의 엘리트 의식을 갖고 있었다. "캠프, 낚시, 사냥, 다이빙 같은 것이 목적일 때는 칼을 소지해도 처벌받지 않거든." 아는 척하는 말투, 가르치는 듯한 어투에서 범죄예비군 중에서도 자신은 엘리트에 속한다는 의식이 드러난다. 즉 자신은 모든 것을 알고 있으며, 위에서 동료들을 내려다보고 있다는 심리다.

같은 날 올린 "날마다 직원 수가 줄어드는 느낌. 대량 해고 중이니 당연한가"라는 글에서는 구조 조정을 당할까 봐 두려워하는 마음이 엿보인다. 주위로부터 채근당하고 있으며, 이목이 자신을 향해 있다고 느끼고 있는 것이다.

다음 6월 6일에는 "꽃 한 송이 정도는 피워 보고 싶은 거죠"라고 썼다. 강한 의지가 있는 사람이라면 "꽃 한 송이 피워 보겠습니다"라고 썼을 것이다. 그도 아니면 적어도 '꽃 한 송이 정도 피워 보고 싶다'는 바람이라도 가졌을 것이다. 하지만 의지도 바람도 없는 그가 사람들과 소통할 수 있을 리 없었다.

감정을 솔직하게 드러내야 공감을 얻는다

그의 말투는 마치 토라진 여자아이 같았다. 못생겼다는 말에 샐쭉해졌다. 어리광을 그렇게밖에 표현하지 못했다. "흥, 그래, 나 못생겼어"라며 등을 돌리고 토라질 뿐이었다. 따라서 무엇 하나 제대로 되는 일이 없었다.

그는 자신이 처한 위치를 몰랐다. 상대의 글에 '고맙다' 또는 '자신은 ~라고 생각한다'고 썼다면 다른 반응을 얻었을지 모른다. '그런데도 난 노력했다'고 썼다면 또 다른 반응이 있었을 수도 있다. 자신의 의지가 글에 드러나 있기 때문이다. 하지만 감정을 솔직하게 표현하지 못했기 때문에 주변에는 그와 비슷한 사람들만 몰렸다.

그의 글을 분석해 보면 분노와 슬픔을 동시에 터뜨리고 있음을 알 수 있다. 6월 4일에 쓴 "혼자 자는 외로움을 너흰 몰라"라는 글에 그 점이 잘 드러난다. 그는 또 5월 20일에 "하고 싶은 말이 있으면 확실하게 하라고. 어차피 인터넷이 잖아"라고 상대에게 쏘아붙였지만, 자신은 무엇 하나 확실히 밝힌 것이 없다. 자신은 확실히 말하지 않으면서 상대에게는 '확실히 말하라'고 요구하고 있다.

나의 상황과 감정을 분명히 드러내는 글, 이를테면 "나 차였다. 왜 차였을까? 외롭다. 더 이상 차이는 건 무섭다. 연애가 두렵다" 같은 글을 썼다면 "나도 그런데"라는 식으로 동류의식을 느끼는 친구가 생겼을 수 있다. 타인과 진정으로 소통할 기회를 가졌을 수 있다.

그는 유일한 친구 인터넷에 매달리면서도 "어차피 인터넷, 인터넷 그까짓 것"이라고 멸시했다. 내키는 대로 쓰고 말하면서 상대에게는 '좋아요'라는 소리를 듣고 싶어 했다. 기분 좋은 사랑의 표현을 듣고 싶어 했다.

만약 그가 "친구라고는 인터넷밖에 없어요"라고 털어놓았다면 친구가 생겼을지도 모른다. "나도 그래요"라고 말해 줄 수 있는 친구는 자신을 솔직하게 드러낼 때 찾아온다.

그와 친구가 되고 싶어 한 사람이 없었던 것은 아니다. 5월 29일, "솔직히 전에는 당신이 정말 싫었다. 모든 일에 부정적인 느낌이라서. 하지만 매일 읽다 보니 당신 같은 사람도 있을 수 있겠다는 생각이 든다. 진심으로 친구가 되고 싶어졌다"라는 글이 게시판에 올라왔다. 그런데 그는 "이거 반갑긴 합니다만, 나와 친구가 된다 한들 당신한테 뭐 하나 득 될 것 없어요"라고 답했다.

이렇게 자신을 비하하면서 상대의 주의를 끌려는 행동은 그나마의 관심마저 식게 할 뿐만 아니라 오히려 미움을 살 수 있다. "정말 기뻐요"라고 자신의 감정을 솔직하게 드러냈다면 그에게도 친구가 생겼을 것이다.

친구가 되는 것은 어려운 일이 아니다. 자신을 꾸미지 않고 솔직해지면 된다. 상대가 "진심으로 친구가 되고 싶어요"라고 말했을 때 있는 그대로 기뻐하는 것이다. 정말 기쁠 때 '기쁘다'고 솔직히 말할 수 있는 사람이 되면 친구는 자연히 따라온다.

도움을 청할 상대를 잘못 찾은 것은 아닌가

타인과 접촉하는 방법을 모르는 사람은 또한 자신의 감정과 의지를 솔직하게 밝히지 못하고 거짓 대화로써 친분을 꾸며 내기도 한다. 한 번도 만난 적 없는 낯선 상대에게도 스스럼없이 행동하는 것이다. 자신의 외로움 때문에 타인에게 짐짓 친한 척 행동하고 무람없는 표현을 쓴다. 거짓된 말과 행동으로 거리감을 좁히려 한다.

언제나 '~한 척' 연기하고 있기에 스스로도 진짜 자신의 마음을 볼 수 없다. 무리하게 친한 사이라는 흉내를 내느라 결국에는 점점 더 외로워진다.

이런 사람은 도움을 청할 상대를 잘못 찾는다. 자신의 감정과 의지를 솔직하게 말할 수 없기 때문에 점점 잘못된 방향으로 나아간다. 인터넷에서 만난 불특정 인물에게 과도하게 매달리기도 한다. 하지만 인터넷에는 자신을 구해 줄 사람이 없다. 그래서 잘못된 인맥을 만들고, 주변에 이상한 사람들이 꼬이게 된다. '이상한 나라'에 가면 시간이 흐를수록 모든 일이 점점 틀어진다. 그러다가 더 잘못된 세상으로 들어가 버리게 된다. 자신을 구해 줄 사람을 찾아도, 결국에는 죽음의 세계에 발이 닿는다. 자신과 같은 사람들에게 자신을 구해 달라는 요청은 무의미하기 때문이다. 이런 사람들은 바람직한 세계로 들어가는 방법을 몰라 그저 편한 방향, 편한 방식만 찾다가 끝내 파국을 맞는다.

마음을 솔직하게 전하는 사람은 행복하다

2장에서 쓰레기통을 가리키며 "저거 신문이냐?"라고 묻는 아버지의 이야기를 했다. 신문을 가져다 달라는 간접적인 의사 표현이었다. 그 아버지는 솔직하게 말할 줄 몰랐다. 그래서 어른인데도 젖먹이 어린아이나 부릴 어리광을 피웠다. 그 사례에 등장한 아버지는 "~해 줘"라고 직접적으로 요구해 상대가 요구를 들어주면 자신의 존재감을 느끼지 못했다.

이것이 바로 자기 무가치감으로 고민하는 사람들의 심리다. 그들은 마음 깊은 곳에서 자신을 하찮게 여긴다. 잠자코 있어도 누군가 자신의 기분을 살펴 주고, 신문을 가져다주어야만 '나는 보잘것없는 사람이 아니다'라고 느낀다.

자기 무가치감에 시달리는 사람은 "이것을 원한다"고 말해 원하는 것을 얻는 일은 의미가 없다고 여긴다. 자신이 말하지 않아도 남이 알아서 해 주어야만 가치 있다고 느낀다. 하지만 **인간관계의 시작은 자신의 감정을 전달하는 것이다.** "이랬으면 좋겠다"고 솔직하게 말할 수 있어야 행복해질 수 있다.

자기방어를 멈추자

앞서 아키하바라 사건의 범인은 "진심으로 친구가 되고 싶어요"라는 글에 "이거 반갑긴 합니다만, 나와 친구가 된다 한들 당신한테 뭐 하나 득 될 것 없어요"라고 답했다. 이렇게 답한 배경에는 상대로부터 "무슨 말을. 그렇지 않아요. 친구가 되어 주세요. 네?"라는 말을 듣고 싶은 심리가 깔려 있다.

상대가 매달리면 "그래요. 까짓것 친구가 되어 주죠, 뭐"라고 말하고 싶은 것이다. 솔직하지 못한 사람은 "정 원한다면 그러든지"라는 식으로 말한다. 이런 사람은 남들이 자기를 좋아해 주기를 간절히 원하지만 사랑을 받지 못한다. 자신을 더 높이고 더 좋게 보이려다가 오히려 정떨어지게 하는 것이다.

아키하바라 사건의 범인이 계속해서 자신을 '못생겼다'고 한 것은 그가 의식했든 하지 못했든 간에 다른 사람들에게서 "안 그래요"라는 말을 듣고 싶었기 때문이다. 그가 인터넷상에서 나눈 대화의 내용은 빈곤했다. 대화에 발전이 없었다는 의미다. "여자 친구가 있군요. 난 없어요. 그래서 외로워요"라고 솔직하게 말하면 대화가 진전된다. 하지만 그는 "당신은 멋진 사람인가 봐요. 여자들은 어떻게 해 주면 좋아하나요?" 하고 솔직하게 묻지 않았다.

이런 꾸밈없는 질문들이 오갔다면 그에게도 친구가 생겼을지 모른다. 그는 왜 그렇게 묻지 않았을까? 자신을 솔직하게 표현하지 못하는 만큼, 상대에게 흥미와 관심이 없었기 때문이다. 자신의 존재에 불안을 느끼는 사람은 타인에게도 흥미와 관심을 느끼지 못한다. 불안은 인간의 가장 근원적인 감정이기 때문이다. 따라서 소통하려면 열등감이 없어야 한다. 열등감에 기인한 자기방어는 금물이다.(범인의 글은 2008년 6월 15일 〈마이니치신문〉 조간 특집 28~29면 참조)

나 자신을 알고 상대에 관심을 기울이면

소통 능력이 높아진다.

편한 관계에서는 두려워하거나 일일이 마음 쓰는 일이 없다.

숲에 들어가 '아, 기분 좋다!' 하고 느낄 때

우리는 이미 숲과 소통하고 있다.

6장

소통하는 힘을
키우는 심리학

도움을 청하지 못하는 이유

마음의 통로가 활짝 열린 것을 알려 주는 지표는 무엇일까? 바로 솔직하게 질문할 수 있느냐 없느냐 하는 점이다. 모르는 것을 솔직하게 물을 수 있는 사이는 마음의 통로가 넓다. 반대로 서로 상대를 견제하고 있다면 둘 사이의 마음의 통로는 좁다. 견제한다는 것은 적대감을 느낀다는 뜻이기 때문이다. 그런 관계에서는 어느 한쪽에게 힘든 일이 있어도 상대에게 도움을 요청하지 못한다.

수줍음이 많은 사람이 남에게 도움을 청하지 못하는 것도 실은 마음속에 적대감이 있기 때문이다. 곤란한 상황에 처해 있을 땐 누군가에게 "어떻게 해야 하지?"라고 물어 도움을 청해야 한다. 그런데 신경증적 자존심이 세면 체면을 차리거나 겁을 내느라 모르는 것이 있어도 묻지 못한다. "어떻게 하면 좋을까?" 하고 조언을 구하지 못한다.

권위주의적인 부모에게서 자란 아이도 "NO"라는 말을 들었을 때 "왜 안 돼요?"라고 질문하지 못한다. 부모가 권위적이면 아이는 묻고 싶은 것이 있어도 묻지 못한다. 이러한 부모는 설령 아이의 말을 듣고 있다 하더라도 마음의 통로는 열려 있지 않다. 이런 환경에서 자란 사람은 힘들 때 모르는 것을 물어 가며 조언을 얻어 대처하는 경험을 하지 못했기 때문에 질문하는 일에 익숙지 않다.

앞서 이야기했지만, 함께 있으면 즐겁다는 감정이 소통에서 가장 중요하다. '즐겁다'는 것은 둘 사이에 적대감이 없다는 말이다. 음식을 먹으면서 "너도 먹을래?"라든지 "맛있니?"라는 가벼운 대화를 할 수 있는 관계는 서로 간에 마음의 통로가 열려 있다.

반면 상대의 이야기를 듣지 않고 상대에게 '답을 요구하지도 않는' 사람이 있다. 그런 사람은 타인과 함께 있어도 마음의 통로가 없다. 상대에게 "넌 어때?"라고 묻지 않고, 상대도 그런 질문을 받으면 오히려 어색하다. 특히 수줍음이 많은 사람은 질문받기를 싫어한다. 이런 사람은 상대와 무언가를 함께하는 것이 즐겁지 않다. 소통하지 못하는 사람의 전형적인 특징이다.

상대가 솔직하기를 원한다면 먼저 상대를 인정하라

시간이 지나도 계속해서 정중한 말투를 유지하는 관계가 있다. 마음과 마음이 접촉점을 찾지 못했기 때문이다. 상대와 처음 대면했을 때부터 계속해서 같은 태도로 일관하는 사람도 상대에게 맞출 줄 몰라 그런 것이다. 이래서는 이야기를 나눈다고 해도 서로 소통하고 있다고는 할 수 없다.

격식 차린 예복은 입으면 멋지지만 입고 갈 자리가 따로 있다. 이와 마찬가지로 정중한 높임말 또한 쓸 자리가 따로 있다. 아무리 시간이 지나도 먼 관계를 유지하면 그 상대는 거북함을 느낀다. 흔히 '삼가다'라는 말이 있는 사회에서 은둔형 외톨이가 생겨난다. 지나치게 조심하고 자신을 억제하는 것이 오히려 좋은 인간관계를 맺는 데 방해가 될 수 있다는 말이다.

한 사람의 마음의 통로가 넓은가 좁은가를 알 수 있는 또 하나의 지표는 칭찬이다. 나는 상대를 솔직하게 칭찬할 수 있는지 자문했을 때, 그럴 수 있다면 마음의 통로가 넓은 것이다. "어쩜 피부가 이렇게 고와?" 이렇게 물을 수 있는 사람에게는 열등감이나 적대감이 없다. 그래서 상대도 편안하게 대답할 수 있다.

열등감과 적대감은 마음의 통로를 막는다. 열등감을 느끼는 사람의 심리에는 미움이 있다. 그래서 열등감은 참된 소통의 가장 큰 적이다. 머리가 좋고 성적은 아주 뛰어나지만 외모 콤플렉스가 있는 여성을 한번 생각해 보자. 그녀는 우월감을 느끼기 위해 주로 대화에서 두뇌를 화제로 삼는다. 그녀가 보기에 그 점 외에는 자신이 남보다 나은 구석이 없다. 하지만 열등감을 숨기기 위해 명석한 두뇌만을 주제로 대화하려 한다면, 인간관계에서 그녀가 설 자리는 없다. 사귀는 남자 친구에게조차 자신이 원하는 만큼 인정받지 못한다.

그렇다면 그녀가 사람들과 제대로 소통하기 위해서는 어떤 태도를 취해야 할까? 차라리 솔직해지는 것이 도움이 된다. 남자 친구에게도 "예쁘지도 않은 나를 네가 여자로서 인정해 줘서 좋아", "너처럼 잘생긴 사람이 나같이 안 예쁜 사람을 인정해 줘서 좋아"라고 있는 그대로 이야기하는 편이 좋다. 그래야 상대도 '이 사람 참 솔직하구나. 그래서 예뻐'라고 느끼고 자신의 마음을 솔직하게 표현한다. 남자 친구의 칭찬을 들은 그녀는 좀 더 열심히 살기 위해 노력할 것이다. 상대의 따뜻한 말이 격려가 되기 때문이다.

그런데 그녀가 "다들 머리가 참 나빠"라는 말로 자신이 미녀가 아니라는 점을 보상받으려 한다면 어떨까? 아마 듣는 상대는 '뭐래? 못생긴 게' 하고 비꼬게 될 것이다. 솔직하지 못하기 때문에 소통이 이루어지지 않는다. 이럴 때 그녀에게 못생겼다고 지적하면서 솔직해지라고 요구해서는 안 된다. 그녀를 바람직한 소통으로 이끌고 싶다면 먼저 그녀의 좋은 점을 인정해 줘야 한다. 예쁘지는 않지만 능력이 있다는 점을 칭찬해 주면 그녀도 마음을 열고 솔직해질 것이다.

그녀가 먼저 솔직한 자세를 보여야 할까? 아니면 다른 사람들이 먼저 그녀의 능력을 인정함으로써 그녀가 꾸밈없이 마음을 열도록 이끌어야 할까? 닭이 먼저냐 달걀이 먼저냐 하는 문제 같지만, 이것은 관계의 문제다. 사람이 솔직해지지 못하는 것은 솔직해질 수 없는 인간관계에 놓여 있기 때문이다.

격려한답시고 "무슨 소리야! 너 정도면 예쁘지"라고 마음에도 없는 말을 하는 것은 오히려 그녀를 불통으로 몰아붙일 뿐이다.

내 안의 치유의 세계

앞서 '내 안에 존재하는 벌거벗은 임금님'과 '내 안의 위험한 세계'에 대해 설명했다. 그렇다면 이야기하고 나면 편해지는 대화를 하려면 어떤 영역을 키워야 할까? '자신에게 보이고' 동시에 '상대에게도 보이는' 영역, 즉 '내 안에 존재하는 치유의 세계'를 넓혀야 한다. 여기서 치유의 세계란 신뢰의 세계와도 **상통한다.** 사람은 자기 이야기를 털어놓을 수 있다는 것만으로도 치유되며, 이야기를 들어 주는 사람이 있다는 사실만으로도 고마움을 느끼게 된다. 어느 한쪽이 이야기하고 한쪽이 들어 주는 과정을 거치면 점차 두 사람 사이에 마음의 통로가 넓어지고, 장애가 없어진다. 타인에게 이해받는 순간 사람은 변한다. "나름대로 열심히 살아왔군요"라는 말에 상대가 자신을 이해해 주었음을 느끼고 솔직해진다. 누군가 자신의 행동을 헤아려 주고 받아들여 준다는 것, 그것이 소통의 핵심이다.

그 결과 소통하는 사람의 주변에는 소통할 줄 아는 사람이 모여든다. 치유의 세계도 그만큼 더 넓어진다. 반대로 소통할 줄 모르는 사람의 주위에는 자신과 똑같이 소통할 줄 모르는 사람들만 모인다.

험담은 마음의 통로를 넓힐 수 없다

마음의 통로가 열려 있지 않은 사람은 진정한 대화를 하지 못하고, 일방적으로 자기 이야기만 하는 경우가 많다. **자신**

의 마음의 통로가 넓은지 좁은지를 알고 싶다면, 스스로가 남의 험담을 많이 하는 편인지를 살펴보는 것도 좋은 방법이다. 자신이 일방적으로 남의 험담을 해 대는 편이라면 마음의 통로가 좁다고 판단해도 옳다.

남의 험담이 아니라 '치유의 대화'를 나눌 때 마음의 통로는 넓어지고, 내 안의 벌거벗은 임금님의 영역도 줄어든다. 당연한 말이지만 '치유의 대화'를 하기 위해서는 있는 그대로 자신을 드러낼 수 있는 상대를 찾아야 한다. 위치, 권력, 입장과 무관하게 진심을 담은 이야기를 나누는 것, 바로 그것이 내 안의 치유의 세계를 넓히는 일이다. 이런 의사소통은 인간 형성의 기본이 된다. **진정한 소통이 이루어지면 무의식 속의 자신을 완전히 드러낼 수 있다. 인간은 자신을 드러내는 과정에서 자기 자신을 느낀다.** 때문에 상대가 자신의 이야기를 들어 주면 계속해서 더 많은 이야기를 하고 싶어진다. 들어 주는 사람이 있기에 말하는 사람이 있다. 수줍음이 많아서 말을 못하는 사람은 어쩌면 어릴 때 이야기를 들어 준 사람이 없었기 때문일 수 있다.

자신이 구두쇠, 겁쟁이임을 인정하라

자신의 인색함은 인정하지 않으면서 남에게는 '몹쓸 구두
쇠', '수전노'라는 비난을 일삼는 사람이 있다. 일종의 자기
기만이다. 이러한 비난은 '투영projection*'에서 비롯된다. 구
두쇠는 자기 자신이면서, 괜히 남에게 불명예를 뒤집어씌우
는 것이다. 이는 자신을 우습게 보는 상대에게 마음속으로
증오를 품고 있기 때문이다.

하지만 치유의 대화를 통해 자신을 기만하지 않고 스스
로의 인색함을 인정하면, 희한하게도 구두쇠가 나쁘다는
생각이 들지 않게 된다. 자신의 모습을 투영해 남을 비난할
때는 구두쇠를 나쁘게 보고 가시 돋친 비난을 했다. 그런데
치유의 대화로 스스로가 구두쇠임을 인정하고 나면, 자신
의 인색함이 꼭 감춰야 할 만큼 추한 모습이 아니라는 것을
알게 된다.

겁 많은 사람도 마찬가지다. 자신이 겁쟁이라는 사실을
모두에게 숨기면 그 반동형성 때문에 매우 대담한 행동을

● 자기 안의 부정적인 특성을 다른 사람이 똑같이 지니고 있을 때, 그것을 비난하는
것.

하게 된다. 그럴 때는 자기 마음속 소리도 들리지 않는다. 그런데 치유의 대화를 통해 '나는 겁이 많다'는 점을 인정하면 겁이 많은 것이 비난받을 일이 아님을 알게 된다.

치유의 대화에는 진정성이 배어 있지만, 무언가를 숨기기 위해 투영이나 반동형성으로 내뱉는 말에는 가시가 있어 독살스런 느낌을 준다. 그런 말은 아무리 많이 해도 치유가 되지 않는다.

심리적 여유가 있는 부모는 아이의 말에 귀 기울인다

말할 기분조차 안 들 정도로 무기력한 아이가 있다. 예전에는 "엄마, 오늘 뭐 만들어 줄 거예요? 카레?"라고 묻던 아이가 무기력해지면 "오늘, 카레?"라고 물어 놓고도 곧바로 "아무거나 줘"라고 내뱉는다. 아무 말도 하고 싶지 않은 것이다. 그야말로 최악의 심리 상태다. 그럴 땐 부모가 마음의 여유를 가지고 '이런 감정을 마음속에 쌓아 두고 있었구나'라며 아이의 기분을 이해해 주어야 한다. 상대가 자신을 알아준다고 생각할 때 아이는 다시 말을 시작할 것이다.

도박 중독인 아버지 때문에 날이면 날마다 빚쟁이들이

집으로 찾아온다면 어떨까? 이런 상황에서 아이가 말을 걸면 대부분의 어머니는 "지금 애들 얘기나 듣고 있을 때가 아니야"라며 귀찮다는 반응을 보일 것이다. 어머니로부터 '시끄럽다'는 소리를 자주 들으면, 아이는 입을 다문다. 물론 어머니는 어머니대로 '내가 이렇게 곤란한 상황에 처해 있는데……'라고 생각할 것이다. 하지만 이런 힘든 상황에서도 어머니가 치유의 마음을 갖고 있으면 아이는 구원받는다. 아이의 이야기를 잘 들어 주는 어머니에게는 마음의 여유가 있다. 이런 부모 밑에서 자라는 아이는 말할 기분조차 안 들 정도로 무기력해지는 일이 거의 없다.

무슨 말이든 주위의 눈치를 보며 하는 말도 치유와는 거리가 멀다. **치유는 상대의 안색을 살피지 않고, 하고 싶은 말을 할 수 있을 때 이루어진다.** 예를 들어, 아이가 편안한 기분으로 자신이 하고 싶은 이야기를 하고 있다고 하자. 이야기를 나누는 중간에 어머니가 자리에서 일어나 물을 마시든 빨래를 개든 아이는 화내지 않는다. 아이가 어머니의 양육 행동을 신뢰하기 때문이다. 어머니의 애정을 신뢰하는 것, 이것이 치유다. 아이가 불안정 애착*을 보인다면, 어머니가 일어서는 동시에 불안감을 느낀다. "왜 일어나?"라고 묻고, "엄마, 왜 가는 건데?"라며 계속 칭얼댄다. 반면 치유의 대화는 편안한 상태에서 이루어진다. 어머니가 작정하고 "그래, 네 얘길 들어 보자"라고 하지 않아도 자연스럽게 소통이 이루어진다.

치유의 관계는 쉽게 구축되지 않는다

치유의 관계에서는 에너지가 만들어진다. 이러한 관계는 나이가 들어서도 마찬가지다. "당신도 머리숱이 빠지는구나." 한쪽이 이렇게 말할 때 "우리 둘 다 나이가 들었네"라고 다른 한쪽이 대답하는 관계다. 서로 상대를 인정할 때 따뜻한 에너지가 만들어진다.

일본 속담에 "정을 베푸는 것은 남을 위해서가 아니다"라는 말이 있다. 남에게 베풀면 결국 그 덕이 자신에게 돌

볼비는 "어머니와 아이의 관계는 그 아이가 평생 다른 사람들과 어떻게 관계를 맺고 살아가는지에 큰 영향을 준다"고 생각했다. 이때 어머니와 아이의 애착 관계를 안정 애착과 불안정 애착으로 크게 구분했다. 불안정 애착은 아이가 엄마를 잘 신뢰하지 못하고 엄마에게서 안정감을 얻지 못하는 경우를 말한다. 아이가 불안정 애착 상태이면, 최초의 상호작용 상대인 엄마에게서 느낀 불안정함을 다른 사람에게도 일반화해 '사람들은 대부분 믿을 수 없고 언제 떠날지 모른다'고 생각하게 된다.

아온다는 의미다. 남에게 정을 베풀면 자신도 에너지가 샘솟는다. 성과주의 사고방식으로는 도저히 이해할 수 없는 이야기다. 2-1=1이라고 생각할 테니 말이다. 하지만 치유의 관계에서는 이렇게 베풂으로써 서로 간에 마음의 통로가 열리고 더욱 넓어진다.

고통스러운 경험을 이야기하는 두 사람이 있다. 마음의 통로를 열고 "이 이야기 예전 같으면 절대 못했겠지만, 큰맘 먹고 할게요"라고 말을 꺼내면 이야기를 듣는 상대의 마음도 열린다. 만약 상대에게 무시당한다고 생각하면 그 누구도 마음을 열지 않는다. '이 사람에게는 속아도 된다'고 여길 만큼 신뢰가 바탕에 있어야만 자신의 이야기를 털어놓을 수 있게 마련이다.

치유의 관계가 형성되는 과정이 반드시 평온하다고만은 할 수 없다. 온갖 갈등을 경험해 봄으로써 타인을 이해할 수 있게 되는 법이다. 그럼에도 사람들은 간단히 "아, 알겠다"라며 수긍해 주는 사람을 좋은 사람으로 생각하는 경우가 보통이다. 그래서 결국 싸움이 일어난다. 깨질 관계는 언제든 깨지게 되어 있다. 그런 관계를 억지로 유지한들 자기 자신을 잃게 될 뿐이다.

상처받아도 이겨 낼 수 있다는 각오로 부딪쳐야 마음이 단련된

다. 무시당했을 때 상처받을 것이 두려워, 그럴듯한 말만 한다면 신뢰가 형성되지 않는다. 그런 관계에서는 10년을 한솥밥 먹어도 서로 마음의 접촉점을 찾지 못할 수 있다. 심지어 혈연관계라 해도 심리적 거리는 멀 수도 있다. 그리고 그렇게 시간이 지나다 보면 결국에는 서로 맞서게 된다.

결과를 두려워하지 않는 대화가 '치유의 대화'다

젠체하는 사람들은 주변을 적으로 돌린다. 단적인 예로 "부인께서는 몇 년생이세요?"라는 질문을 받으면 이리저리 재지 말고 간단히 몇 살이라고 답하면 좋으련만 "음, 그러니까…… 나보다 한 살 많아요"라고 돌려 말하는 일이 흔하다. 이래서는 친구가 생기지 않는다.

자신의 약점을 인정하면 상대를 보는 눈도 관대해진다. 이는 신뢰 관계 형성의 가장 기본적인 자세다. 그런데 방어적인 사람의 마음속에는 인정하기 싫은 부분이 많다 보니 마음의 통로가 닫혀 있다. 이런 사람은 자신을 인정하는 것과 상대를 인정하는 것이 결국 같은 일이라는 점을 알아야 한다.

어떤 비즈니스맨이 자신의 현재 상황을 장황하게 이야기

한다. "오 년째 똑같은 일을 계속하고 있다. 영업이 어렵다. 신규 고객이 줄었다. 심각하다. 기존 고객도 줄었다⋯⋯."

그 말을 듣고 상대가 "무슨 일 하시는데요?"라고 물으면, 정작 "그저 그런 일이에요. 별로 얘기할 만한 일은 아니죠. 보람이 없어요"라고 말한다. 이래서는 상대가 마음을 열 수 없다. 별로 대답하고 싶지 않더라도 숨기려는 마음 없이 진실되게 말해야 상대의 마음도 열린다. 방어할 필요가 없다. 무방비로 이야기해야 듣는 사람도 자신의 가치를 느낄 수 있고, 말하는 사람도 이야기를 들어 주는 상대를 통해 자신의 존재감을 느낄 수 있다. 도덕적 판단 없이 이야기를 들어주고, '저 사람이 알아듣기 쉽도록 어려운 말은 피해야지' 하는 염려 없이 이야기할 수 있어야 치유의 대화가 이루어진다. **어떤 결과가 나타날지 겁내지 않는 대화, 그것이 곧 치유의 대화다.**

사랑을 깨달아야 솔직해질 수 있다

부모가 이혼 소송 중인 어느 딸의 사례를 살펴보자. 딸과 어머니가 함께 살고, 아버지는 다른 여성과 살기 위해 집을 나갔다. 그런데도 어머니는 가능하면 아버지와 헤어지지 않으려고 한다. 그 때문에 이 모녀는 매일같이 옥신각신한다. 항상 이 둘 사이에는 말다툼이 끊이지 않는다.

그런데 사실 이 두 사람의 언쟁은 한마디면 해결될 문제다. "사랑해요, 엄마. 저에게 엄마는 당신 한 분뿐이에요." 딸은 그 말을 솔직하게 하지 못하고, 속마음과 달리 아버지 편을 든다. 그래서 어머니는 딸이 밉다고 느낀다. 딸은 아버지를 핑계 삼아 자신을 사랑해 주지 않는 어머니를 나무라고 있는 것이다.

어느 날 두 사람이 평소처럼 말싸움을 하던 중에 어머니가 남편에게 전화를 걸어 "내가 집을 나가겠으니 헤어지자"고 말한다. 그 말을 듣고 딸은 "내가 언제 두 분이 헤어지라고 했느냐"고 따진다. 모녀의 대화는 계속 본심과는 다른 방향으로 흐른다. "헤어지겠다"는 말은 어머니의 본심이 아니다. 딸 역시 "그러지 말라"고 진심으로 말은 하지만 실제로는 부모가 헤어지는 것보다 그 책임을 자신이 덮어쓰는 것이 더 싫다. 즉, 딸은 어머니에게서 '너 때문에 이혼했다'는 말을 듣기 싫다. 그런데도 이 언쟁을 해결할 수 있는 솔직한 한마디 '언제까지나 내 엄마로서 계속 옆에 있어 줘'라는 그 말을 딸은 쉽게 하지 못한다.

사람은 관계의 거리가 먼 사람에게는 의외로 쉽게 솔직해진다. 그런데 아이러니하게도 가까운 사람에게는 뒤틀린 태도를 보인다. 사랑을 깨닫지 못하기 때문이다. 사랑을 모르는 사람은 솔직해질 수 없다.

솔직해야 통한다

소통의 조건은 '솔직함'이다. 사람이 솔직해지지 못하는 것은 열등감이 있거나, 상대에게 가치 박탈[*]을 당했기 때문이다. 자신을 도와준 상대가 생색을 낼 때 우리는 가치 박탈감을 느낀다. 사람들이 생색내는 사람을 싫어하는 이유도 그 때문이다. 그런 상황에서는 누구든 솔직해질 수 없다.

앞의 두 모녀의 경우도 마찬가지다. 딸은 엄마의 애정에 대한 가치 박탈감 때문에 언쟁을 해결할 수 있는 말 "엄마는 끝까지 내 엄마야"라는 한마디를 할 수 없었다.

솔직하지 못해 소통에 실패하는 또 다른 예가 있다. 어느

심리학 용어. 가치 부여의 상대어로, 존경이나 애정, 권력, 부(富) 등 사회적 가치가 상실되거나 감소되는 일을 말한다.

날 아들이 하굣길에 자전거를 타고 퇴근하는 아버지를 발견했다. 아들은 반가운 마음에 아버지를 쫓아갔다. 그런데 하필 무척 더운 여름날이었다. 게다가 자전거의 속도가 너무 빨라, 뛰어가던 아들은 아버지를 끝내 따라잡지 못하고 집에 다다라 버렸다.

집에서는 어머니가 뜨거운 전골 요리를 내놓고 있다. 온몸이 후끈거리는데 뜨거운 국물을 떠먹기는 싫다. 솔직하게 얘기하면 좋을 텐데, 아들은 다른 핑계를 댄다. 그러자 상황을 모르는 어머니는 음식 투정하지 말라고 야단을 친다. **소통은 이렇게 실패한다. 솔직히 얘기하면 대부분 쉽게 해결될 일들이다.**

소통의 반대말은 무관심이다

방을 정리하려면 우선 지금 방 안에 있는 물건들이 무엇인지, 그리고 정말 필요한지를 알아야 한다. 마찬가지로 상대가 어떤 사람인지를 모르면 인간관계도 정리할 수 없다. 지금 내 주변의 사람들에 대해 그가 어떤 사람인지 설명해 본다면, 제대로 설명할 수 있는 상대는 누구인가? 막상 설명하려니 막막한 상대는 누구인가?

타인과 소통하려면 어떻게 해야 할까? 소통할 수 있는 것은 상대에게 관심이 있어서다. 따라서 **상대와 소통할 수 없다는 것은 서로 관심이 없다는 의미다.** 양측이 자신에 대해서도, 상대에 대해서도 알지 못하면 소통은 실패로 돌아간다. 애초부터 서로 자기 마음속 갈등에만 신경을 빼앗겨 소통할 시도조차 하지 못한다.

상대에게 관심이 없다는 것을 심리학적으로 해석하면, 무의식의 영역이 넓다는 의미다. 주변에 관심을 두지 않고 살아가는 예는 일상생활에서도 흔히 찾아볼 수 있다. 아파트에는 많은 사람들이 모여 살지만, 옆집 사람이 죽었는지 살았는지도 모르는 일이 허다하다. 옆집 사람에게 관심이 없으니 어떻게 돼도 관계없는 것이다. 고독한 대도시의 풍경이다. 언제나 창문에 커튼이 쳐져 있고 신문 투입구에 신문이 쌓여 가는 집이 있어도, 관심을 쏟지 않으면 그런 광경은 눈에 들어오지 않는다. 관심이 있어야만 이상 징후가 보이는 법이다. 자신의 마음속 갈등에만 집중하느라 주변 세계에 무관심하게 살지는 않았는지 스스로를 돌이켜 볼 일이다.

무의식 속의 자신을 깨닫기 위한 힌트

'이 사람은 나에게 무엇을 줄 것인가?'를 생각하자. 좀 더 구체적으로 말하면, '나는 이 사람에게 무엇을 기대할 수 있을까?' 생각해보는 것이다. 상대가 나에게 줄 수 있는 것에는 여러 가지가 있다. 마음의 평안, 돈, 건강, 지식, 자신감, 명예, 마음이 풍요로운 삶, 많은 성과를 거두는 삶, 권력, 사회적 지위, 컴퓨터 기술······. 애완동물은 평안을 주고, 회사는 돈을 준다. 이런 식으로 **주위를 둘러보면 자신의 무의식 속에 무엇이 있는지 깨달을 수 있다.**

예를 들어 자신의 열등감을 발견할 수 있다. 돈도, 평화도, 무엇도 주지 않는 사람, 즉 자신에게 아무런 득이 되지 않는 사람 앞에서 겁을 먹고 잘 보이려는 것은 내 안에 심각한 열등감이 있기 때문이다. 그 사람과 함께 있으면 자신의 가치가 위협받는 것처럼 느껴져 불안하기 때문에 잘 보이려는 것이다. 그런데 열등감이 있는 사람은 자신이 상대에게 얕보이고 있다는 사실을 깨닫지 못한다. 이는 어쩌면 그가 상대에게서 예전에 다른 사람에게 느꼈던 공포감을 재체험하고 있기 때문인지도 모른다.

만약 주변 사람들을 하나하나 관찰했을 때 자신에게 마

음의 평온과 안식을 주는 사람이 없다면, 자신의 허영심을 발견할 수 있을 것이다. 허영심이 있는 사람은 아무 상관도 없는 사람에게 잘해 준다. 정말 필요한 순간에 자신에게 등을 돌릴 수 있는 사람에게까지 잘 보이려 한다. 사랑을 모르는 사람이 좋은 인간관계에 실패하는 이유도 이와 같다.

자신을 깨닫지 못할 때는 상대를 보라

물론 자기 내면을 들여다보기란 쉬운 일이 아니다. 마음에 문제가 있는 사람은 '현실 속의 자신'을 인정하려 하지 않기 때문이다. 그렇다면 어떻게 해야 할까? 자신이 아니라 상대를 봐야 한다. 우선 '**나는 지금 상대의 어떤 부분을 제대로 보지 못하고 있는가?**'를 생각하라는 말이다.

만약 자신이 상대의 '교활함'을 제대로 알지 못했다고 해 보자. 그러면 이번에는 '그 교활함을 왜 못 봤을까?'를 다시 생각해 본다. **그렇게 자신에게 되묻다 보면 지금까지 모르고 지나친 자신의 모습이 보이는 때가 반드시 오게 되어 있다.**

때론 괴로움을 피하고자 매 순간 편한 길만을 찾는 나약한 자신을 발견할 수 있다. 교활한 사람은 상대가 당장 혹할 만한 소리, 기분 좋은 말로 마음을 홀리며 자신이 원하는 것만 쏙 빼간다. 대부업자들이 광고에서 보여 주는 얼굴과 빚 독촉 때 보여 주는 얼굴을 비교해 생각하면 쉽게 알 수 있다.

마음이 힘든 사람들은 순간의 기분에 혹해 쉽게 속아 넘어간다. 눈앞의 안락함만 좇기 때문이다. 상대를 제대로 보기 위해서는 상대의 인간관계도 살펴야 한다. 그의 주변에 어떤 사람이 있는가? 질 나쁜 사람이 많은가? 아니면 좋은 사람이 많은가? 여기서 말하는 질 나쁜 사람이란 자기만 편하고자 남에게 부담을 떠넘기는 사람을 말한다.

상대가 어떤 사람인지를 이해하는 것과 자신의 소통 능력을 키우는 것은 깊은 관계가 있다. '나는 지금 상대의 어떤 부분을 제대로 보지 못하고 있는가?'를 생각하는 것이 바로 소통 능력을 키우는 지름길이다. 상대가 어떤 사람인지 해석하려고 하지 않는 사람은 마치 사람이 없는 빈집에 대고 '누구 없느냐'고 소리를 지르는 것과 같다. 남의 집에 들어가면서 주인이 있는지 없는지도 살피지 않는다. 밖에서 보면 참으로 이상한 일일 것이다. 그런데 세상에는 그런 이상한 사람이 많다. 자신이 하는 말에만 관심 있는 사람이 바로 그런 사람이다. 고민이 많은 사람은 자신이 지금 어디에 있고 누구를 향해 무슨 이야기를 하고 있는지 모른다. 아무도 없는 데서 그저 "나 이렇게 대단한 사람이야!", "나 정말 힘들어" 같은 말을 반복할 뿐이다.

당신의 마음속에 타인을 위한 방이 있는가?

마음의 통로 건너편에는 각자의 방이 있다. 소통하는 사람들은 그 마음의 통로를 통해 상대의 방으로 들어간다. 따라서 **상대를 만날 때는 먼저 상대의 마음속에 '나를 받아들일 방이 있는지'를 살펴야 한다.**

소통할 때는 보통 상대방의 집 안에 '나'를 위해 마련된 방에서 함께 이야기를 나누고 있다고 생각하면 된다. 그런 방이 없다면 우리는 상대의 마음속에 자신이 들어갈 방을 만들어야 한다. 사람의 마음에 남을 들일 방이 없으면, 겉으로는 대화를 나누는 것처럼 보여도 상대의 말은 들리지 않는다. 자기 집착이 강한 사람, 즉 자기 일 하나로 머릿속이 꽉 찬 사람은 마음속에 다른 사람을 들일 방이 없다. 그런 사람에게는 어떤 이야기를 해도 의미가 없다.

남의 말을 들어 주지 않는 사람의 또 다른 유형은 자기

가치를 상대에게 강요하는 사람, 즉 자기 무가치감으로 고민하는 사람이다. 그런 사람은 '마음의 방'은커녕 집 자체가 없다. 어떤 말을 해도 듣지 못한다.

소통을 시도할 때 중요한 것은 상대에게 '나를 받아 줄 마음속의 방이 있는가?'를 따져 보는 것이다. 또 **동시에 '나는 내 마음속에 상대를 받아들일 방이 있는가?'**를 돌아보아야 한다. 자기 마음속에 상대를 들일 방이 없으면 소통할 도리가 없다. 마음과 마음이 만나는 관계를 만들고 싶다면, 마음속에 상대를 위한 방을 준비하자. 자기 자신을 챙기기도 벅찬 상태에서는 마음속에 남을 위한 공간을 만들 여력이 없다. 누군가가 놀러 와도 이야기를 들어 줄 테니 들어오라고 할 방이 없다.

외로운 사람은 잘 속는다

외로움을 타는 사람은 아무나 들어올 수 있게 마음속 방문을 활짝 열어 놓는다. 그래서 외로운 노인을 노리는 사기꾼들이 설칠 수 있는 것이다. 상대를 마음의 방에 맞아들이는 일은 가게 운영으로도 비유 가능하다. 자신이 레스토랑 또는 채소 가게를 한다고 생각해 보자. 우선 '가게 문은 열었는가?'를 따져야 한다. 문을 닫아 놓고서 '손님이 안 온다', '안 사간다'고 말하고 있지는 않은가? 가게를 운영하려면 먼저 문부터 열어야 한다. 그런데 우리 주변에는 예상 외로 가게 문을 닫아 두고는 '손님이 안 온다'고 불평하는 사람이 많다. 이것이 인간관계로 고민하는 사람들 대다수가 갖는 문제점이다.

방어적 태도가 강한 사람도 문제다. 상대가 나를 '무시하는 것은 아닌가' 하고 긴장하며 맞서려는 사람이 대표적이다. 어디 그뿐인가. 자신의 가게가 레스토랑인지 채소 가게인지 모르는 사람도 있다. 먼저 자신이 무슨 가게 주인인지를 알고 가게 문을 열어야 한다. 그렇게 하는 사람이 예상 밖으로 적다는 것이 안타까울 따름이다.

상대의 어떤 부분을 모르는가

소통을 못하는 사람은 '실제 자신의 모습'을 모른다. 이렇게 '스스로를 모른다'는 문제 내에서도 **가장 심각한 문제는 '자신은 상대에게 관심이 없다' 는 사실 자체를 모르는 것이다.**

소통할 줄 모르는 사람은 상대에게 전혀 관심이 없으면서도 자신이 '상대에게 무관심하다'는 사실은 모른다. 이것은 마음속에 상대와 이야기를 나눌 방이 없다는 의미다. 소통이 안 되는 사람의 가장 큰 문제는 외부 세계에 대한 무관심 또는 대상에 대한 무관심이 아니다. 바로 자신이 무관심한 사람이라는 점을 스스로 깨닫지 못하는 것이다. 소통할 줄 모르는 사람에게는 '이랬으면 좋겠다', '저랬으면 좋겠다'는 '상대에 대한 요구'만 가득하다. 상대가 자신에게 요구하는 바에는 전혀 관심이 없고, 심지어 전혀 관심이 없다는 점 자체를 의식하지 못한다. 자신이 무관심한 사람이라고는 생각도 하지 않는다.

외부 세계에 대한 관심과 자기실현은 깊은 관계가 있다. 상대에게 관심이 없다는 것은 상대가 자신에게 무엇을 요구하는지를 모른다는 의미다. 간단히 정리하면 이렇다. 손님이 왔다. 손님은 빵을 사러 왔는데 주인은 그 사실을 모른다. 게다가 가게 주인은 자신이 채소 가게 주인이라는 사실도 모를뿐더러 그 채소 가게에 손님이 빵을 사러 왔다는 '어긋남' 자체를 인식하지 못한다. 우스꽝스럽지 않은가? 이래서는 인간관계가 제대로 맺어질 수 없다.

동정심을 유발하면 상대는 도망친다

상대에 대한 관심이 얼마나 되는지는 마음의 통로가 얼마나 넓은지에 비례한다. 자기 집착의 강화와 소통 능력의 저하 역시 비례적이다. 자기 집착이 강한 사람들은 소통이 안 되기 때문에 하나같이 친구가 없다. 그들은 '내가 이런 글을 쓰면 상대가 어떻게 생각할까'라는 염려를 모른다. '이런 글을 올리면 사람들이 싫어할 거야'라는 상상을 하지 않는다. 거기까지 생각이 미치지 않기 때문이다. 그래서 온라인 게시판 같은 곳에 사람들이 싫어할 말을 아무렇지도 않게 올린다. 그러다 보니 사람들이 자연스레 멀어진다.

또 그들은 젠체하며 남을 비판한다. 자신의 괴로움을 늘어놓고 상대에게 위로받으려 하기도 한다. 그런데 상대는 그런 글을 읽으면 '아, 이런 사람 싫어'라는 느낌을 받는다. 그런데 자기 집착이 강한 사람은 그 이유를 모른다. 심리학에서는 자기 집착이 강한 사람의 마음속에는 격렬한 미움의 감정이 있다고 본다. 그들이 미움의 감정을 토해 내는 방법은 여러 가지다. ① 직접, ② 치환, ③ 정의라는 명분 이용, ④ 억압, ⑤ 불행 과시 등이다. 이중 '불행을 과시'한다는 것은 자신이 얼마나 불쌍한지를 지나치게 강조해 미움의 감정을 드러내는 것을 말한다.

　세상에는 불행의존증addiction to misery*에 걸린 사람이 있다. 즉, 현실에서 도망친 사람이다. 그에게 있어 보다 더 심각한 문제는 자신이 얼마나 불행하고 불쌍한지 호소할 상대를 잘못 찾는다는 점이다. 지금 그의 주위에는 자신의 불행을 호소할 상대가 없거니와 그 이전에도 없었다. 그래서 주변의 아무 관계도 없는 사람에게 자신의 불행을 강조하면 상대가 싫어한다는 것을 모른다. 하지만 **불행을 강조해 위안받을 수 있는 상대는 자신을 사랑해 주는 사람뿐이다. 상대가 자신을 사랑할 때 비로소 위로받을 수 있다.**

자기 집착이 강한 사람들의 실태

자신의 불행을 강조하는 사람들은 성장기에 부모 자녀의 관계에 문제가 있었던 경우가 많다. 그래서 어쩌다 만난 상대에게 진정한 부모의 모습을 기대하기도 한다. 그들은 자

　💬 자신이 행복하지 못한 것은 벗어날 수 없는 불행 때문이라고 생각하고, 자신이 얼마나 불행한지를 과장해서 타인에게 보이고자 하는 상태.

신의 비참함을 최대한 강조한다. 요컨대 '내가 이만큼 괴롭다'는 이야기를 하고 싶은 것이다. 이는 자기 집착이 강한 사람들의 공통점이다. 가엾은 모습을 부각시키면 자신의 이미지는 나빠지고 사람들은 도망가 버리는데, 남들이 좋게 봐 줄 것으로 생각하고 호소하는 것이다.

자기 집착에 빠지면 남을 살피지 못한다. 그들은 미움에 찬 나르시시스트다. 그들에게는 타인의 현실이 없다. 자기 고민이 제일 중요한 사람들은 남의 사정은 살피지 않는다. 눈앞의 상대가 병에 걸렸어도 상관없고 "지금 부모님이 위독해서 병원에 가야 해"라는 말을 들어도 크게 개의치 않는다. 반면에 "나 감기 걸렸어. 옮을지도 모르는데 괜찮아?"라는 말을 들으면 자리를 피한다. 언제나 자기뿐, 타인은 안중에 없다.

탐욕과 우유부단함의 최후

강한 자기 집착은 동시에 두 가지 모습으로 나타난다. 상대에게서 무엇이든 얻어 내려는 탐욕, 그리고 "NO"라고 말할 줄 모르는 유약함이다. 그래서 자기 집착이 강한 사람은 교활한 사람의 먹잇감이 되기 쉽다. 나면서부터 탐욕적인 사람은 없다. 탐욕은 욕구불만의 결과다. 그런데 이 탐욕은 주위를 보지 못하게 한다. 그래서 탐욕스러운 사람은 교활한 사람의 먹잇감이 된다.

유약한 사람들 또한 잘 속아 넘어가기는 마찬가지다. 이들이 타인에게 "NO"라고 (거절)할 줄 모르는 것은 인간관계의 거리감을 모르기 때문이다. 그래서 나쁜 사람들의 먹잇감이 된다. 거절한다고 큰일이 나는 것도 아닌데 타인의 요구를 거절하지 못한다. 상대가 자신을 진지하게 생각하는 사람인지 이용만 하려는 사람인지를 모르기 때문이다. 그들은 그저 상대의 마음에 들려고만 한다. 의존심이 강하고, 사랑받고 싶어 하고, 책임을 떠넘기려는 특성도 있다.

결국, 심리적으로 병든 사람은 똑같이 병든 사람과 엮인다. 그러다 보면 어느새 믿을 수 있는 사람은 주변에서 사라진다. 이해하기 어려울지 모르지만, 자기 집착이 강한 사람은 자신을 신뢰하고 버리지 않을 상대에게 고마운 마음을 표시하는 것이 아니라 책임을 떠넘긴다. 그리고 어찌 된 영문인지 자신에게 이용 가치가 없어지면 언제든지 내버릴 만한 사람에게는 잘해 준다. 이보다 어리석은 일이 또 있을까? 자신을 진지하게 생각해 주는 사람에게는 차갑고, 교활한 사람에게는 잘해 준다. 이들은 심지어 진정으로 자신을 위해 주는 사람에게 원망을 돌리기도 한다.

'실제 자신'보다 나은 '자신'은 없다

자기 집착이 심할수록 소통 능력은 떨어진다. 보통은 자기 고민에 정신이 팔려 상대가 우는지 웃는지도 모른다. 자신이 자기 집착이 강하다는 생각이 들면, '내가 정말 상대에게 관심을 기울이고 있는지' 반성해 보자. 그리고 주변에 자신과 비슷한 사람들이 모여 있지는 않은지 생각해 보자. 그런 다음 '상대는 이런 나에게 관심이 있는지' 살펴보자. 상대에게 관심을 기울이면 소통 능력이 높아진다. 소통 능력이 높은 사람들은 그리 잘못된 삶을 살지 않는다는 것을 나는 경험으로 터득했다. 상대에게 '실제 자신'보다 좋은 인상을 주려고 할 때, 마음의 통로는 '쾅' 하고 닫힌다. 남의 마음에 들려고, 잘 보이려고 할 때도 마음의 통로는 닫혀버린다. 상대의 기대에 부응하기 위해 자신을 꾸며 내려고 하기 때문이다. **'실제 자신'의 모습 그대로 다가가야 마음의 통로가 열린다.**

다른 표현을 쓰자면, 함께 있을 때 편한 관계는 서로 자신을 있는 그대로 드러내어 마음의 통로가 활짝 열린 상태다. 상대가 나를 어떻게 평가하는지 겁내지 않고, 상대도 나에게 그러한 두려움을 느끼지 않을 때 소통이 이루어질 수 있다. 숲에 들어가면 기분이 좋다. 그런데 나무를 일일이 의식하지는 않는다. '숲속이다! 아, 기분 좋다' 하고 느낄 때 우리는 이미 숲과 소통하고 있다.

자아도취에 빠진 사람은 현실을 보지 않는다

앞에서 '나는 지금 상대의 어떤 부분을 제대로 보지 못하고 있는가?'를 생각하라고 권했다. 그런 관찰이 익숙해지면, **이번에는 '이 사람은 자신의 어떤 부분을 보지 못하고 있는가?'라는 관점에서 상대를 관찰해 보자.** 나에게는 잘 보이는데 상대는 보지 못하는 부분은 어떤 부분인가? 상대를 볼 때 막연히 쳐다보는 것이 아니라 초점을 좁혀서 관찰해야 한다. '상대의 내면에 존재하는 벌거벗은 임금님' 영역에 초점을 맞추는 것이다.

상담자 중에 딸아이 때문에 걱정이라며 전화 상담을 신

청한 여성이 있었다. 그 여성은 자기 방에 틀어박힌 딸과 대화가 없다고 했다. 그래서 "부부 관계는 어떤가요?" 하고 물었다. 여성은 '좋다'고 대답했지만 사실은 그렇지 않았다. 부부의 관계가 단절되어 있기 때문에 아이가 문제를 일으키는 것이다. "남편과도 대화를 자주 해요"라고 여성은 말했지만, 문제가 발생했기 때문에 부부가 대화하는 것뿐이다. 실제로는 관계가 좋지 않은데 좋다고 생각하는 마음가짐, 즉 현실을 인정하지 않는 것이 이 여성의 문제였다.

이 여성의 내면에 존재하는 '벌거벗은 임금님' 영역에 초점을 맞춰 관찰한 결과 '여성은 남편과 방문을 걸고 들어간 아이 모두에게 불만이 있으면서도 자기 자신은 그 사실을 모른다'는 점을 쉽게 파악할 수 있었다. 어째서 '싫다'고 인정하지 않을까? 그 점을 인정하면 자신이 훌륭한 어머니가 아니라고 시인하게 되기 때문이다.

심리 상담을 하다 보면, 항상 상대를 관찰하게 된다. 누구나 이런 관찰 방법을 사용하면 어느새 상대를 보는 힘이 길러진다. 상대를 보는 힘이 붙으면 그 결과 자연히 자신을 보는 힘도 길러진다. 이것이 이른바 소통 능력을 키우기 위한 초급 코스다.

소통 능력을 키우려면 본문에서 지적한 바와 같이 자신의 무의식을 의식할 필요가 있다. 소통 능력은 컴퓨터 조작처럼 한번에 발전하는 것이 아니라 점점 나아지는 것이기에 무의식을 의식화함으로써 발달한다. 사람은 누구나 마음의 통로를 가지고 태어나는데, 이 통로의 넓이는 후천적으로 결정된다. 마음의 통로가 좁은 사람도 치유를 통해 통로를 넓힐 수 있으며, 반대로 인간관계에서 상처를 입으면 통로는 좁아지고 만다. 이 모든 것은 그 사람이 처한 성장 환경에 좌우된다.

서로 솔직하게 감정을 드러내면 마음의 통로가 넓어진다. 반대로 자신을 숨기기 위한 대화를 하면 통로는 좁아진다. 원래 자신을 숨기려는 경향은 누구나 조금씩은 갖고 있다. 하지만 무언가를 숨기다 보면 숨긴 내용이 자신에게 점점 중요해지고 마음의 통로는 갈수록 좁아진다. 또 숨길 내용이 자꾸 늘어나 결국 인간관계가 피곤해진다. 그러다 보면 상대가 눈치챌까 봐 항상 신경 써야 하고 초조감마저 느끼게 된다. 모든 대화는 가치 있다고 생각할지 모르지만, 그렇게 겁내면서 나누는 대화는 소통에 도움이 되지 않는다. 오히려 마음의 통로가 좁아지거나 닫히게 한다.

별 탈 없이 사회생활을 하는 데 중요한 것은 상대가 자신을 어떻게 보는지 정확하게 판단하는 것이다. 수줍음을 타는 사람은 실제로 상대는 자신을 좋게 생각하는데도 나쁘게 볼 것이라고 생각하는 경우가 많다. 부끄럼쟁이나 사회적으로 고립되어 사는 사람들은 상대를 제대로 보지 않는다. 그래서 상대는 자신에게 적대감이 없고 공격하려는 의도가 없는데도 상대가 자신에게 적대감을 느끼고 공격하려한다고 생각한다. 그 결과, 상대를 겁낼 필요가 없는데도 겁을 내게 된다. 누군가를 만날 때도 '나를 잘 활용해 주시면 고맙겠어요' 하는 식의 태도를 취한다. 항상 저자세다 보니 사람을 만나는 일이 즐겁지 않다. 이런 사람은 오래 사귀어도 인간관계의 거리가 줄어들지 않는다. 상대와 마음의 접촉점을 찾지 못하기 때문이다.

멜랑콜리 친화형이나 수줍음을 많이 타는 사람은 남에게 폐 끼치는 일을 극도로 싫어한다. 이렇게 겁을 내면 상대에 대해 여러 가지 착각을 하게 될 수 있다. 나쁜 사람들은 그 사람의 유약함을 간파하고 이를 이용해 제 이익을 챙기려 든다. 억제형 인간*이 가장 조심할 상대는 교활한 사람, 무람없는 사람이다. 흔히 정년퇴직한 사람이 사기로 퇴직금을 잃는 것은 상대에게 얕보이고 있는데도 그 자신은 존경받고 있다고 생각하기 때문이다.

사람은 무의식의 영역이 작을수록 편하게 살며, 소통도 쉽게 이루어진다. '내 안에 존재하는 치유의 세계'가 지배적인 사람은 인생이 편안하고 주변과 완벽하게 소통할 수 있다. 하지만 현실 세계에 그런 완벽한 행운을 누리는 사람은 없다. 누구나 내면에 '벌거벗은 임금님'과 '위험한 세계'를 갖고 있다.

소통이 잘 안 되는 사람이 소통을 잘하려면, 다음 두 가지를 반성하면 된다. 지금 내가 생각하는 모습이 진정한 나인가? 남들은 지금 내가 생각하는 것처럼 나를 생각해 주는가? 본문에 쓴 것처럼 우리에게는 두 가지 모습이 있다. 자기 눈에 보이는 자신과 보이지 않는 자신, 즉 자신이 의식

자신의 감정을 억제한다, 남의 눈치를 살핀다, 힘든 일이 있어도 꾹 참는다, 남의 마음에 들려고 한다, 남의 기대에 부응하려고 애쓴다 등의 특징이 있다.

하는 자기 모습과 의식하지 못하는 무의식 속의 자기 모습이다. 무의식에 문제가 없는 사람은 거의 없으므로 대부분의 사람들이 이러한 두 가지 모습으로 상대와 마주한다. 그런데 여기서 상대는 나의 모든 것을 볼 수는 없다. 그렇게 상대에게 보이는 내 모습과 상대에게 보이지 않는 내 모습까지 합하면, 우리는 상대와의 관계에서 네 가지 모습으로 존재한다. 나와 상대가 모두 볼 수 있는 자신, 즉 '내 안에 존재하는 치유의 세계', 나에게는 보이지만 상대에게는 보이지 않는 자신, 즉 '내 안에 존재하는 경계의 세계', 나에게는 보이지 않지만 상대에게는 보이는 자신인 '내 안에 존재하는 벌거벗은 임금님', 그리고 마지막으로 나와 상대에게 모두 보이지 않는 자신인 '내 안의 위험한 세계'다.

물론 네 가지 영역의 크기는 정해져 있지 않다. 만나는 상대에 따라 그 크기가 각기 달라진다. 자신이 '소통할 줄 아는 사람'이고 상대도 '소통할 줄 아는 사람'일 때, '내 안에 존재하는 치유의 세계'는 커진다. 상대를 겁내면 아무리 오래 사귄다고 해도 '내 안에 존재하는 치유의 세계'가 커지지 않는다. 서로 숨기는 부분이 적고 자신과 상대를 모두 제대로 볼 때 편안한 관계가 맺어지며, 그것이 바로 '내 안에 존재하는 치유의 세계'가 큰 경우다. 같이 있으면 마음이 놓이고 소통이 잘 되며 '나와 상대에게 모두 잘 보이는 자신', 즉 '내 안에 존재하는 치유의 세계'를 키울 수 있는 사람과 함께하는 것이 평온한 삶이다.

그런 사람이 곁에 있으면 아무리 힘들어도 소통을 통해 삶의 에너지를 얻을 수 있다. 그런데 혹여 별 상관도 없는 사람을 겁내고 있지는 않는가? 사랑받지 못하는 사람은 자신이 먼저 주변 사람을 공포의 대상으로 돌린다. 상대에게 모든 것을 다 바치면서도 겁을 내고, 상대와 자신을 주종 관계로 만들어 부하 노릇을 한다. 때로는 노예가 되어 위협을 자초하기도 한다.

나쁜 사람들은 약한 상대를 보면 무섭게 변한다. '내 안의 벌거벗은 임금님' 영역이 크면 교활한 사람들에게 마음대로 조종당하고 만다. 비즈니스인지 연애인지 하는 관계의 성격을 불문하고 '내 안에 존재하는 벌거벗은 임금님' 때문에 인생이 힘들어지는 사람이 많다.

사람은 사랑을 받아야 강해질 수 있다. 그러나 현실적으로 모든 사람이 사랑받으며 성장하는 것은 아니다. 이 책을 읽고 자신이 처한 인간관계에서 소통 능력을 키울 수 있는 힌트를 얻길 바란다. 또 하나, 반드시 기억해야 할 중요한 점은 온갖 어려움 속에서도 오늘까지 잘 버텨 온 자신을 칭찬해 주는 것이다. 지나간 불행을 자신의 탓으로 돌리지 말자. 누구나 남은 앞날이 숙제다. 마음의 통로를 활짝 여는 미래를 만들어 가기 바란다.

이 책의 저자 가토 다이조는 여러 의미에서 독특한 인물입니다. 명문가 출신에 도쿄대학 졸업, 와세다대학을 정년 퇴직한 명예교수, 사회학자, 작가, 심리학을 전공하지 않은 심리학자 또는 정신위생 전문가. 가토 다이조를 설명하거나 알기 위해 그의 프로필을 접한 사람이라면 누구나 입을 쩍 벌릴 것입니다. 활약의 역사 하나하나가 평범한 사람들의 상상을 초월하기 때문입니다.

저자는 이미 지난 1970년, 〈주간 아사히〉가 선정한 '지금 일본인이 의지하는 정신적 지주 10인'에 32세 최연소의 나이로 선정된 바 있습니다. 당시 함께 선정된 천재 예술가 데라야마 슈지, 노벨문학상 수상자 오에 겐자부로 등 아홉 명의 면면만 봐도 그 위상이 높다는 것을 새삼 느끼게 됩니다.

그뿐 아닙니다. 1999년에는 일본의 국민 시인으로 존경받는 이시카와 다쿠보쿠, 데카당스 문학의 대표 작가로 손

꼽히는 사카구치 안고, 재패니메이션의 아버지 데즈카 오사무 등과 함께, 〈마이니치신문〉이 선정한 '20세기의 마음에 남은 작가' 80위에 이름이 오르기도 했습니다.

세상 사는 요령이나 수완만으로는 이루기 어려운 가토 다이조의 활약상을 살펴보면 일관된 하나의 맥락이 존재한다는 사실을 알 수 있습니다. 그 자신이 청년이었을 때는 동시대 젊은이들의 고민과 그 세대의 시선으로 본 일본을 생각하게 했고, 와세다대학에서 교편을 잡은 이후로는 오랜 세월 도쿄도의 청소년 문제 관련 위원으로도 일해 왔습니다. 방송프로그램 진행자로서의 면모를 보면, 〈텔레폰 인생 상담〉이라는 프로그램을 약 25년 동안 진행하면서 수많은 일본인의 고민을 함께 느껴 왔습니다.

물론 작가로서의 저술 활동은 언급할 것도 없습니다. 이미 수백 권에 이르는 방대한 양의 저서를 발표했고, 저서보다 어찌 보면 더 높이 평가 받는 역서만 해도 한두 권이 아닙니다. 저자의 진정성은 사람들의 '고민'을 함께 나누는 과정에서 증명되고 있다고 생각합니다.

저자의 다양한 활동 중에서도 단연 눈에 띄는 분야는 심리학 또는 정신위생학 관련 저술입니다. 정신위생학이라 하면 다소 생소하게 들릴지 모르겠습니다. 한 인간이 불가항

력적인 성장 환경 속에서 어떠한 정신적 문제를 겪게 되는지, 어린 시절의 정신적 문제는 그 사람이 성인이 되었을 때 가정과 이웃에 어떤 영향을 미치는지, 해결책은 무엇인지를 고찰하는 학문 분야라고 설명할 수 있겠습니다.

그런 의미에서 저자의 저서는 현대인이라면 누구나 한 번쯤은 관심을 가지고, 자신과 타인을 치유하는 데 활용해 볼 만합니다. 살다 보면 전혀 기대하지 못한 곳에서 강력한 치유 효과를 얻는 경우가 종종 있습니다. 이 책이 그렇습니다. 무릎을 탁 치게 되는 깨우침, 머릿속 고민을 날린 후에 얻게 되는 안도감, 그리고 희망과 자신감. 가토 다이조의 책을 짧게 정의하라고 한다면 역자로서 저는 '깨우침, 안도감, 희망과 자신감'이라고 말하겠습니다.

저자는 이 책《나는 왜 소통이 어려운가》를 통해 인간관계에서 제대로 된 소통을 시도하려면 먼저 자기 자신을 들여다보아야 한다고 조언합니다. 자신을 알고, 인정하고, 사랑하고 나서야 다른 사람과 제대로 된 관계를 맺을 수 있다고 말합니다. 특히 1장에는 이 책을 관통하는 핵심이 명확히 드러나 있습니다. 저자가 인간의 내면을 어떻게 파악하고 있는지, 책을 통해 이야기하고자 하는 바의 토대가 되는 생각이 분명히 제시되어 있기 때문입니다. 내 안에 존재하는 경계심의 세계, 치유의 세계, 위험한 세계, 그리고 벌거 벗은 임금님. 저자는 이러한 관점을 바탕으로 현장에서 직접 접한 사연들을 풀어 놓으며 논리에 살을 보탭니다. 어쩌면 약간 낯설게 느껴질 수도 있는 이 사례들이 생각해 보면 결코 먼 나라 딴 세상 이야기가 아니라는 점이 더욱 흥미롭습니다.

이제 제 번역에 대해 잠시 언급할까 합니다. 가토 다이조는 일본에서의 실제 활약상에 비해 국내에 그 명성이 잘 알려져 있지 않습니다. 저자의 책이 수 권 소개된 바는 있지만 말입니다. 원서를 받고 보니 저자의 문장은 사실 친절하지 않았습니다. 번역을 의뢰받고 처음 든 생각은 '이 사람, 천재일까? 환자일까?'라는 것이었습니다. '거칠다'는 표현이 딱 들어맞는 문장이었지만, 그 뒤에 숨은 통찰, 설득력 있는 지적은 결코 가볍게 볼 만한 것이 아니었습니다. 이해를 돕는 부드러운 전개가 아니다 보니, 그의 이야기가 어떤 배경에서 나온 것인지를 찾아 부연해 주지 않으면 진흙 묻은 진주처럼 제대로 빛을 발하지 못할 것 같았습니다.

어느 학자가 이렇게 말했습니다. "깊이 천착하여 작자의 사유의 광맥을 찾아낼 때 비로소 창조적으로 읽어 낼 수 있다." 번역도 필연적으로 읽기에서 시작되는 작업인지라 이 말을 명심했습니다. 그래서 제가 한 번역은 같은 저자의 책이라도 기존의 역서들과는 번역 전략에 약간 차이가 있습니다. 작자의 의도가 어디서 유래한 것인지 찾아내고자 매달렸기 때문입니다. 그 과정 속에서 마음 한편으로는 주제 넘게도 '창의적 접근'이라고 스스로를 위로하며 작업했습니다. 부끄럽게도 감히 가토 다이조의 조언이 독자 여러분께 더 가까이 다가가는 데 조금이나마 공헌할 수 있었기를 바라 마지않습니다. 더불어 더 많은 한국 독자들이 가토 다이조의 저서를 통해 '깨달음, 안도감, 희망과 자신감'을 찾기를 진심으로 기대합니다.

정문주

고즈원은 좋은책을 읽는 독자를 섬깁니다.
당신을 닮은 좋은책—고즈원

나는 왜 소통이 어려운가

가토 다이조 지음
정문주 옮김

1판 1쇄 인쇄 | 2013. 4. 5.
1판 1쇄 발행 | 2013. 4. 15.

이 책은 (주)한국저작권센터(KCC)를 통한
저작권자와의 독점계약으로 고즈원(주)에서 출간되었습니다.
저작권법에 의해 한국 내에서 보호를 받는 저작물이므로
무단전재와 복제를 금합니다.

발행처 | 고즈원
발행인 | 고세규
신고번호 | 제313-2004-00095호
신고일자 | 2004. 4. 21
(121-896) 서울특별시 마포구 동교로 13길 34(서교동 474-13)
전화 02)325-5676 | 팩시밀리 02)333-5980

값은 표지에 있습니다.
ISBN 978-89-92975-83-4   03180

고즈원은 항상 책을 읽는 독자의 기쁨을 생각합니다.
고즈원은 좋은책이 독자에게 행복을 전한다고 믿습니다.